Sigmund Freud

**Der Mann Moses und die
monotheistische Religion
&
Der Moses des Michelangelo**

"文化：中国与世界"编委会
（1986）

主　编

甘　阳

副主编

苏国勋　刘小枫

编委

于　晓　王庆节　王　炜　王　焱　方　鸣
刘　东　孙依依　纪　宏　杜小真　李银河
何光沪　余　量　陈平原　陈　来　陈维纲
陈嘉映　林　岗　周国平　赵一凡　赵越胜
钱理群　徐友渔　郭宏安　黄子平　曹天予
　　　　阎步克　梁治平

丁　耘　先　刚　李　猛　吴　飞　吴增定
赵晓力　唐文明　渠敬东　韩　潮　舒　炜

(按姓氏笔画排序)

现代西方学术文库

摩西与一神教

附《米开朗基罗的摩西》

修订译本

〔奥〕弗洛伊德 著

李展开 孙飞宇 译 孙飞宇 校

生活·讀書·新知 三联书店

Simplified Chinese Copyright © 2024 by SDX Joint Publishing Company.
All Rights Reserved.
本作品简体中文版权由生活·读书·新知三联书店所有。
未经许可，不得翻印。

图书在版编目（CIP）数据

摩西与一神教：附《米开朗基罗的摩西》：修订译本/（奥）弗洛伊德著；李展开，孙飞宇译．—2版．—北京：生活·读书·新知三联书店，2024.9
（现代西方学术文库）
ISBN 978-7-108-07778-3

Ⅰ.①摩… Ⅱ.①弗…②李…③孙… Ⅲ.①基督教－研究②犹太教－研究 Ⅳ.①B978②B985

中国国家版本馆CIP数据核字（2024）第030893号

原著为公有版权。此版本依据 Sigmund Freud: *Moses and Monotheism* (Vintage Books, 1939) 译出。

责任编辑	张　婧　冯金红
装帧设计	薛　宇
责任校对	陈　格
责任印制	李思佳
出版发行	生活·讀書·新知 三联书店
	（北京市东城区美术馆东街22号 100010）
网　址	www.sdxjpc.com
经　销	新华书店
印　刷	三河市天润建兴印务有限公司
版　次	2016年11月北京第1版
	2024年9月北京第2版
	2024年9月北京第1次印刷
开　本	880毫米×1230毫米 1/32 印张7
字　数	144千字
印　数	0,001-5,000册
定　价	69.00元

（印装查询：01064002715；邮购查询：01084010542）

现代西方学术文库
总　序

　　近代中国人之移译西学典籍，如果自 1862 年京师同文馆设立算起，已逾一百二十余年。其间规模较大者，解放前有商务印书馆、国立编译馆及中华教育文化基金会等的工作，解放后则先有 50 年代中拟定的编译出版世界名著十二年规划，至"文革"后而有商务印书馆的"汉译世界学术名著丛书"。所有这些，对于造就中国的现代学术人才、促进中国学术文化乃至中国社会历史的进步，都起了难以估量的作用。

　　"文化：中国与世界系列丛书"编委会在生活·读书·新知三联书店的支持下，创办"现代西方学术文库"，意在继承前人的工作，扩大文化的积累，使我国学术译著更具规模、更见系统。文库所选，以今已公认的现代名著及影响较广的当世重要著作为主，旨在拓展中国学术思想的资源。

　　梁启超曾言："今日之中国欲自强，第一策，当以译书为第一事。"此语今日或仍未过时。但我们深信，随着中国学人对世界学术文化进展的了解日益深入，当代中国学术文化的创造性大发展当不会为期太远了。是所望焉。谨序。

"文化：中国与世界"编委会
1986 年 6 月于北京

"现代西方学术文库"自1987年出版第一部译著《悲剧的诞生》，迄今已近40年。这套译丛启迪了几代国人对学术的追求和对精神的探索，已经成为当代中国思想和文化发展的一个路标。其后，三联书店在这套文库编选思路的基础上陆续推出了"学术前沿""法兰西思想文化""社会与思想""西学源流"等西学译丛，为中国全面探究西方思想的时代前沿和历史源流提供了一大批极具影响力的作品。

在新世纪走向纵深、世界图景纷纭繁杂、中西思想交流日渐深化的此刻，我们重整和拓展"现代西方学术文库"，梳理自19世纪中叶以降，为应对现代世界的诸多问题，西方知识界持续做出的思想反省和理论推进，以供当代中国所需。我们将整合三联书店的西学译丛，修订或重译已有译本，并继续遴选优质作品，进一步丰富和扩充译丛书目。

感谢"文化：中国与世界"编委会和丛书主编甘阳在历史时刻做出的杰出工作，感谢译者们的辛勤付出！三联书店将一如既往，与学界同仁一起，继续为中国的学术思想发展贡献自己的绵薄之力。

生活・读书・新知三联书店

2024年6月

摩西像
〔意〕米开朗基罗,1513—1516年

目 录

中文版序言 孙飞宇 · I

摩西与一神教 李展开 译 孙飞宇 校 ······ 1

　第一篇　摩西，一个埃及人 ······ 3

　第二篇　如果摩西是个埃及人…… ······ 15

　第三篇　摩西，他的人民和一神教 ······ 61

米开朗基罗的摩西 孙飞宇 译 ······ 153

索　引 · 187

中文版序言

孙飞宇

一 《摩西与一神教》的诞生与意义

1935年1月6日,弗洛伊德在给莎乐美(Lou Andreas-Salomé)的信中提及自己正在进行摩西研究的工作,并且自陈心迹说:"摩西这个人物,萦绕在我的心头已经一辈子了。"[1]在写作这封信的前一年,也就是1934年夏季,弗洛伊德刚刚完成了《摩西与一神教》中的第一篇《摩西这个人:一部历史小说》("The Man Moses: A Historical Novel")。这标志着弗洛伊德最后一部重要作品的诞生。而这部作品,几乎也可以说是他毕生工作中最受争议的一部——尽管他的作品罕有不受争议的。

此前,伴随着希特勒在德国掌权,弗洛伊德本人的工作被宣布为禁忌。1935年5月10日,弗洛伊德的著作在德国被焚毁。听到这一消息的弗洛伊德向他忠实的弟子、后来的传记作者欧内斯特·琼斯(Ernest Jones)说,这一事件跟历史上

---

[1] Freud, S. & Andreas-Salomé, L. 1966, *Sigmund Freud and Lou Andreas-Salomé: Letters* (E. Pfeiffer, Ed., W. Robson-Scott & E. Robson-Scott, Trans.), London, England: Hogarth Press.

一再发生的事情并无二致,"我们所取得的进步是,在中世纪,他们还会焚毁我本人,而今天,他们只要烧毁我的书籍就满足了"[2]。这一判断显然过于乐观了。对于他和全体犹太人来说,局势越来越陷入阴霾之中。而伴随着这一阴霾的,是他那与日俱隆的声望。一年后,虽然他本人一再反对,但是在他80岁的寿辰上,包括托马斯·曼、罗曼·罗兰、斯蒂芬·茨威格在内的上百名作家等知名人士还是集体为弗洛伊德赠送了生日礼物。爱因斯坦为他写了贺信。同样在这一年,弗洛伊德得知自己入选英国皇家学会,成为通讯会员,与他所敬仰的牛顿、达尔文等人成为了"会友"。

这些过程伴随着本书的写作。不过,由于弗洛伊德本人对于这部作品并不是非常满意,同时出于政治上的谨慎,他严格保守了本书的写作秘密:只有几个人知道他所进行的工作。在给莎乐美的这封信中,弗洛伊德说,他从摩西研究中获得的结论是,宗教的力量不在于其所拥抱的真理,而在于其所包含的历史真理。由于弗洛伊德居住在奥地利,处于占据统治地位的天主教的保护之下才得以从事精神分析工作,并且免遭纳粹的迫害,所以他感到难以公开发表本书,因为其中针对宗教的批评过于尖锐。弗洛伊德在此前给他的朋友阿诺德·茨威格的信中已经表明,他担心自己的这部作品会激怒此前一直在保护他和精神分析事业的天主教,并因此可能使得精神分析的事业受到损害。在此期间,弗洛伊德一直没有认识到来自纳粹的真正威胁,甚

---

[2] Jones, C. G.,1957, *The Life and Works of Sigmund Freud* (Vol.3), New York, NY: Basic Books, p.82.

至在1937年，他还在跟前来劝说他逃离奥地利的法国精神分析师拉弗戈（René Laforgue）认真地说："纳粹？我不害怕他们。不如帮助我和真正的敌人战斗吧……宗教，罗马天主教。"[3]

更重要的是，弗洛伊德也对自己的写作不满意。他不满意自己在第一篇中使用了"小说"这种形式，认为自己并不擅长创作历史小说，托马斯·曼在这方面要远胜于他；他也对自己工作中的研究性并不满意，认为自己的写作建筑在"陶土"的基础之上，连他本人的自我批评都经受不住。[4]不过，研究和写作上的困难无法使他停止工作，因为对于弗洛伊德来说，这一研究几乎堪称他毕生的宿命。1934年12月16日，他在写给阿诺德·茨威格的信中说："让我与摩西独处一段时间吧……回避摩西是徒劳的。这个人，还有我想为他做的事情，一直不停地追逐着我。"[5] 1935年5月，他又写信告诉茨威格说："摩西就是不肯离开我的想象。"[6] 在几天以后，他又给艾廷冈写信说，摩西"已成为了我的一个固着（fixation）"，不过这一写作并不顺利，因为"我既无法把它赶走，也无法再前进一步"。[7]而在1935年11月，弗洛伊德还在给斯蒂芬·茨威格的信中沮丧地说，"摩西将永远不会见到天日"。到

---

[3] Laforgue, 1973, "Personal Memories of Freud." In H.M. Ruitenbeck (Ed.), *Freud as We Knew Him* (pp.341-52), Detroit, MI: Wayne State University Press, pp.343-4.
[4] Freud, S. & Zweig, A. (1970). *The Letters of Sigmund Freud and Arnold Zweig* (E. Freud, Ed., W. Robson-Scott & E. Robson-Scott, Trans.), London, England: Hogarth Press, pp.97-98.
[5] Freud-Zweig, 108(98), December 16, 1934.
[6] Freud-Zweig, 117(106), May 2, 1935.
[7] Freud to Eitingon, May 12, 1935. 转引自彼得·盖伊，《弗洛伊德传》，商务印书馆，2018年，677页。

了1936年1月，他在给阿诺德·茨威格的信中更为沮丧地说，"摩西的命运已经睡着了"。[8] 不过弗洛伊德并未放弃，他把这一和摩西的沮丧角力坚持到了1937年，并逐渐恢复了对自己的信心。在这一年3月给琼斯的信件里，他坦承自己无法"提供充分的历史证据"，然而其工作的"结论是非常重要的"。[9]

1937年7月，弗洛伊德完成了该作品的第二篇。前两篇作品分别于1937年年初和年底发表在《意象》（Imago）杂志上。同一年，他开始撰写第三篇。

1938年，在多方营救的努力下，弗洛伊德逃离奥地利、到达英国后，这部著作的第三篇最终于7月17日完成，并发表在《国际精神分析与意象》（Internationale Zeitschrift für Psychoanalyse und Imago）杂志的第24期。三篇合一的德语著作版本的题目是《摩西这个人与一神教：三论》（Der Mann Moses und die monotheistische Religion: Drei Abhandlungen）。该著作的英语版本由琼斯的夫人凯瑟琳·琼斯（Katherine Jones）迅速完成，并于1939年5月19日出版。在这段时间里，弗洛伊德的病情恶化，最终于1939年9月23日去世。虽然他同一时期还有其他作品写作和发表，但是作为弗洛伊德最后一部重要的作品，《摩西与一神教》完全可以说是他的一生之作。

---

[8] 以上两处引文均转引自彼得·盖伊，《弗洛伊德传》，商务印书馆，2018年，679页。

[9] Freud & Jones, 1993, *The Complete Correspondence of Sigmund Freud and Ernest Jones, 1908-1939* (R.A. Paskauskas, Ed., R. Steiner, Trans.), Cambridge, MA: Belknap Press, p.757.

这部作品出版之后引起了巨大的轰动,同时也伴随着潮水般的批评。今日,该作品的经典地位尽管已经不容置疑,其内容却依然并不容易为读者所接受。历史学家们曾经拒绝接受弗洛伊德的这个研究与观点,其"三论"中的第一篇题目中的"小说"也为这种拒绝提供了天然的依据。不过时至今日,这部作品得到了越来越多的学者的重视,其中甚至包括诸多《圣经》的研究者[10]。在更为广泛的各个专业领域中,这一研究的重要性也在与日俱增,成为了毋庸置疑的经典。著名的犹太历史学家耶路沙米(Yosef Hayim Yerushalmi)在他的著作《弗洛伊德的摩西》(*Freud's Moses*)一书中,梳理了一条回溯的线索:从弗洛伊德到席勒(Friedrich Schiller)和斯宾塞(John Spencer),再到古典时代的历史学家、地理学家斯特拉波(Strabo),古埃及祭祀和历史学家、用希腊文写作了《埃及史》的曼涅托(Manetho),以及阿皮翁(Apion)和塞尔苏斯(Celsus)等人。在这个追溯过程中,作者不仅将弗洛伊德作为一个犹太人,更是将其视为西方文明自我理解的漫长历程中的重要一环。

这一观点颇具代表性。在西方学界,弗洛伊德之后,关于摩西和古埃及,尤其是和埃赫那顿之间的关系,以及一神教、埃及和西方文明传统之间的关系一直都为学界所重视。例如,在《埃及人摩西:西方一神教的记忆》(*Moses the Egyptian:*

---

[10] Philip Rieff, 2008, *The Jew of Culture: Freud, Moses, and Modernity*, Edited by Arnold M. Eisen and Gideon Lewis-Kraus with an Introduction by Arnold M. Eisen, University of Virginia Press, p.59 n52.

the Memory of Egypt in Western Monotheism)等著作中,扬·阿斯曼(Jan Assmann)同样把弗洛伊德和一神教置于漫长的西方文明的传统之中加以理解:从曼涅托到斯特拉波、阿皮翁,再到塔西佗(Tacitus),直至席勒和弗洛伊德。

扬·阿斯曼指出,虽然弗洛伊德并没有使用学界所熟知的大量文献——尽管他对其中一些非常熟悉——但是《摩西与一神教》这部作品通过精神分析理论的思路,确实把被历史叙述所压抑的,也即通过历史而被遗忘的记忆复现出来,因此有效解释了西方文化中"罪感"的起源。阿斯曼认为,这是弗洛伊德在摩西研究传统之中的重要贡献。[11]

在社会学的传统里,精神分析社会学的代表性学者、芝加哥大学教授菲利普·瑞夫(Philip Rieff)对于这本著作的批评在于,弗洛伊德忽略了一个普通人,或者毋宁说是教徒那活生生的、现实的和充满张力的宗教经验。[12]然而瑞夫指出,尽管如此,弗洛伊德的伟大之处毋庸置疑,这一研究堪称弗洛伊德对于人类社会研究的伟大贡献,这一贡献着眼于人类社会的"开端",即便他错了,"也是一个伟大的错误"。[13]最后,可能也是最重要的,这部作品极大丰富了现当代社会和政治思想研究领域对于犹太人的理解。例如,著名学者汉斯·布鲁门伯

---

[11] Jan Assmann, 1997, *Moses the Egyptian: the Memory of Egypt in Western Monotheism*, Cambridge, MA:Harvard University Press, pp.145-8.

[12] Philip Rieff, 2008, *The Jew of Culture: Freud, Moses, and Modernity*, Edited by Arnold M. Eisen and Gideon Lewis-Kraus with an Introduction by Arnold M. Eisen, University of Virginia Press, p.60.

[13] Philip Rieff, 1959, *Freud: the Mind of the Moralist*, New York: Doubleday & Company, Inc., Anchor Books, p.218.

格（Hans Blumenberg）专门将《摩西与一神教》和汉娜·阿伦特（Hannah Arendt）的《艾希曼在耶路撒冷》（*Eichmann in Jerusalem*）相提并论，认为两部著作存在着深度的类似性[14]，共同构成了与犹太人有关的、对真理问题的深刻理解传统。

不过，撇开所有学界的影响力不谈，我们也许需要首先从弗洛伊德本人的角度来理解这部作品，理解他在给莎乐美的信件中所说的那句话究竟意味着什么。

二 弗洛伊德的摩西

《摩西与一神教》的形式极为特别。彼得·盖伊（Peter Gay）对此总结得非常清楚："由三篇紧密相关的论文构成，但它们的长短却很不成比例：《摩西，一个埃及人》是一个匆促的素描，篇幅寥寥无几；《如果摩西是个埃及人……》比第一篇长四倍；而第三篇论文《摩西，他的人民和一神教》又比前两篇加起来还要长很多。尤有甚者，最后一篇论文的序言多达三个，两个在论文的最开头，内容大部分是互相抵触的，第三个序言则在第二节的开头，其材料很多都与头两篇论文重复。"[15] 不过，这一奇异的结构并不是弗洛伊德年老力衰、精力不济所致，而是要和其惊世骇俗的内容一起，共同呼应他

---

[14] Hans Blumenberg, 2018, *Rigorism of Truth: "Moses the Egyptian" and Other Writings on Freud and Arendt*, Edited, with commentary and an afterword by Ahlrich Meyer, translated by Joe Paul Kroll, Ithaca and London: Cornell University Press and Cornell University Library.
[15] 彼得·盖伊，《弗洛伊德传》，商务印书馆，2018年，673页。

本人的毕生认同以及他在写作本书那些年间的遭遇和承受的压力。

弗洛伊德在给莎乐美的信中，和摩西有关的自陈心曲并非首次。这一自我期许或者说认同可以追溯到他更为遥远的童年。毕其一生，弗洛伊德的犹太人认同都非常明确，而在精神分析的领域，他也很明显一直将自己认同为摩西。

弗洛伊德出生在一个犹太家庭。1856年5月13日，在这位原名西吉斯蒙德·什洛莫（Sigismund Schlomo）的男童出生一周后，根据其家族族谱的记载，他就"进入了犹太人与上帝的契约"，即被施行了割礼。这个阅读着希伯来文《旧约圣经》长大的人，毕生都在强调他的犹太身份，虽然他并不信仰犹太教。这一对于犹太人的自我认同，加上他在精神分析领域中的地位和他对于精神分析的高度期许，使得他和摩西之间发生了某种惺惺相惜的共鸣。

在精神分析诞生之初，维也纳学界普遍将其视为不入流的江湖骗术。这一评价一直令弗洛伊德极为愤慨。从1900年到1909年，在大约十年间，弗洛伊德一直自视为一名为了精神分析而筚路蓝缕、披荆斩棘的先锋，是单人匹马挑战全世界的孤独战士。这十年的艰辛多次在弗洛伊德笔下重现，正如彼得·盖伊所说，对抗已经成为弗洛伊德自我认同的一种途径。他希望通过自己的努力，把精神分析这门新学问传遍世界，也因此获得了某种先知般的孤独感和悲怆感。

从幼年时对于汉尼拔的崇拜和认同，到成年后对于摩西的认同，弗洛伊德一直都在奋力去做一个反对派的领袖与命运的征服者,并且认为这是犹太人最为高贵的品质。在早年写给未婚妻玛莎(Martha Bernays)的信里,他说:"很少有人会多看我一眼,但自从大学时代起,我就是个勇于站在对立面的人,是一个所谓的极端分子……我所有的倔强与激情,都遗传自那些曾经捍卫过圣殿的祖先,我会为了一个伟大时刻而兴高采烈地抛弃生命。"[16]

他的这一对抗性体现在许多方面,但是主要体现在犹太人与世界的关系方面。除了他少年时期那个著名的因为父亲没有回击反犹行为而对父亲不满的故事之外,这样的例子还有很多。例如,1926年,他对自己的专访者菲尔艾克(G. S. Viereck)说:"我的语言是德语,我的文化与才艺也来自德国,所以我一直在思想上认定自己是德国人。但自从反犹太偏见在德国和日耳曼奥地利弥漫开来以后,我宁可称自己为犹太人。"[17]

对于这位犹太人来说,在青年时代,由于对汉尼拔的认同,罗马是他向往已久却长期心生胆怯、不敢前往的城市。1901年,弗洛伊德克服了长期的抑制心理,得偿夙愿,首次到达了罗马。罗马之行令他目眩神迷,成为他生命之中的一次高峰。在旅程的第四天,他前往圣彼得镣铐教堂(Church of S. Pietro in Vincoli),见到了米开朗基罗的摩西雕像,深深为其所吸引,并在后来不断返回欣赏,为其画下多幅草图。1912年,弗洛伊德再度前往罗马,在那里写信给他的妻子说,"我

---

[16] Freud to Martha Bernays, February 2, 1886. *Briefe*, pp.208-9.
[17] George Sylvester Viereck, *Glimpses of the Great*, 1930, p.34.

每天都去圣彼得镣铐教堂（观赏）摩西，或许要写下一些文字"。20多年后，在1933年，弗洛伊德在给意大利精神分析家魏斯（Edoardo Weiss）的信件里回忆说："在（1912年）那个9月份的三个孤独的星期里，我每天都会站在那座教堂的雕像前，研究它，测量它，画下它，直到我有了灵感，获得了理解。直到很久之后，我才给了这名非精神分析的孩子以合法的地位。"[18] 在《米开朗基罗的摩西》一文中，弗洛伊德更是明确说，"这一件雕像作品对我产生的影响是任何其他作品都无法比拟的"。瑞夫后来就此感叹说：再也没有比这更为内在的、与摩西有关的自我肖像的刻画了[19]。

摩西为何会令弗洛伊德如此着迷？首先当然是他对于精神分析的理解和高度期许，并因此而自认为是带领现代人进入自我理解之路途的先知。这位先知有着和那位摩西先知一样的悲剧性——不被人所理解，甚至是被追随者所背叛的命运也如出一辙。这一带有高度自恋性的自我认知，一再被他自己的命运所证实。例如精神分析所遭受的攻击，以及他自己的学生对他的背叛。

1902年秋，在弗洛伊德的学生斯特克尔的提议下发起成立了星期三心理学会，会员包括了斯特克尔（Wilhelm Stekel）、

---

[18] Freud, 1970, *Sigmund Freud as a Consultant. Recollections of a Pioneer in Psychoanalysis* (Letters from Freud to Edoardo Weiss, Including a Memoir and Commentaries by Weiss, with Foreword and Introduction by Martin Grotjahn), New York (23, 252).

[19] Philip Rieff, 2008, *The Jew of Culture: Freud, Moses, and Modernity*, Edited by Arnold M. Eisen and Gideon Lewis-Kraus with an Introduction by Arnold M. Eisen, University of Virginia Press.

卡哈内（Max Kahane）、赖特勒（Rudolf Reitler）、阿德勒（Alfred Adler）等人。在这个群体里，弗洛伊德处于绝对的领袖地位，而这些学生也往往将他视为先知。例如，后来和弗洛伊德决裂的斯特克尔，在其回忆录中坦诚记录了当时他自己的心态："我是弗洛伊德的门徒，而他是我的基督！"[20] 格拉夫（Marx Graf）后来也回忆说，每个星期三晚上的聚会"……弥漫着一种新宗教成立的气氛，弗洛伊德是这个宗教的先知"[21]。

格拉夫的这一说法清楚明确地表达了弗洛伊德在其学生中的地位。不过，这些学生里的许多人在后来都与弗洛伊德决裂了：他的对抗性不仅仅是对外的，也是对内的——针对他的那些追随者的。

在这一对抗性格里，最重要的刺激性因素还是与对精神分析的理解以及这一运动的发展有关。由于精神分析在诞生之初被视为犹太人专属的学问，弗洛伊德的追随者也多是犹太人，所以为了把精神分析推广到犹太人的群体之外，弗洛伊德非常青睐非犹太裔的合作者，尤其是荣格。因为像荣格这样的人及其工作可以证明，精神分析是具有普遍性意义的科学工作，可以扩展到犹太文化之外的领域。弗洛伊德为此任命荣格为他的继承人，推荐他担任国际精神分析大会的主席。1909 年 1

---

[20] Wilhelm Stekel, 1950, *The Autobiography of Wilhelm Stekel: the Life Story of a Pioneer Psychoanalyst*, edited by Emil A. Guthell, M. D., with an Introduction by Ms. Hilda Stekel, New York: Liveright Publishing Corp., p.106.

[21] Marx Graf, 1942, "Reminiscences of Professor Sigmund Freud", *The Psychoanalytic Quarterly* 11, pp.470-1.

月17日,弗洛伊德在写给荣格的信件中的态度愈发明确。他说:"你是约书亚,可以最终占有精神病学的'应许之地',而我是摩西,注定只能对它有远远一瞥。"[22]

然而以"俄狄浦斯情结"为理论核心的精神分析学派显然无法避免这一"王储"与"国王"之间的弑父关系。荣格与弗洛伊德决裂的故事众所周知。而1912年恰恰是这一决裂的关键年份。1912年,除了前往罗马频繁访问摩西像之外,弗洛伊德还写作了多篇关于精神分析技术的论文,完成了他毕生最为满意的宗教社会学著作——《图腾与禁忌》。对于宗教的关注既来自他本身的兴趣,也与他和荣格等人之间的理论纷争有关。此前几年,荣格已经深入研究了神话文学和比较宗教学。弗洛伊德显然对于荣格的这些工作并不满意。除了理论工作之外,1913年,弗洛伊德还撰写了著名的《精神分析运动史》。这部著作以论战的姿态,向背叛他的学生们宣告,自己才是精神分析的真正代表。

1914年,《米开朗基罗的摩西》一文在《意象》杂志上发表。弗洛伊德并没有署名。这是弗洛伊德首次匿名发表作品。直到1924年,弗洛伊德才真正承认这篇文章出于他之手。[23]这篇文章里的精神分析色彩并不是非常强烈。学界普遍认为,

---

[22] 弗洛伊德1909年1月17日给荣格的信。参见 McGuire, William (Ed.), 1974, *The Freud/Jung Letters: The Correspondence between Sigmund Freud and C.G. Jung*, translated by Ralph Manheim and R.F.C. Hull, Bollingen Series XCIV, Princeton University Press.

[23] Sigmund Freud, 1992, *The Diary of Sigmund Freud, 1929-1939: A Record of the Final Decade* (M. Molnar, Trans.), New York, NY: Scribner.

这是弗洛伊德对于摩西的首次研究乃至公开的认同。由于这篇文章出现在他与荣格的决裂年代，所以很明显，这一工作受到了他当时与自己学生之间关系的影响。尤其是在他看来，荣格和阿德勒等追随者在精神分析的理论乃至于现实组织上与他的决裂，都令他深深感受到了被背叛的痛苦。所以有评论者认为，弗洛伊德在这篇文章中对于摩西像的理解，也就是米开朗基罗的摩西雕像所表达出来的，摩西对于背叛了他及其宗教的民众的那种暴怒又抑制的精神状态，代表了弗洛伊德本人对于荣格等人的情感：那些年，他正与自己因为被背叛而爆发出来的怒火做斗争。[24]

所以，弗洛伊德对于这个雕像的膜拜与解读，同样表现了他自己（作为一个犹太人）的自我认同与自我认识。弗洛伊德认为，这个摩西并不是《圣经》里的摩西，而是艺术家所创作的摩西。这个摩西所表现出来的意义在于：为了他所献身的事业（对于摩西而言是民族与文明，对于弗洛伊德而言是精神分析），他成功与自己内心情感进行了斗争——文明必须建基于对驱力的控制与否定之上！

三 精神分析的思考

弗洛伊德并不信仰犹太教，但是他从来都毫不犹豫地自认为是一名犹太人，在文化、政治和认同方面的色彩都非常强烈。在

---

[24] Yerushalmi, 1991, *Freud's Moses: Judaism Terminable and interminable*, Yale University Press, p.75.

《摩西与一神教》前两篇发表后,弗洛伊德收到大量的来信和一些朋友的当面恳求,要求他不要发表第三篇作品。他并没有动摇,因为他认为将其发表才能够表明犹太人真正的品质。众人恳请他不要发表的原因同样非常明显:在20世纪30年代末期,这部作品的内容对于已经面临灭顶之灾的犹太人提出了更为强烈的挑战——弗洛伊德证明摩西是个来自敌对阵营的埃及人,推断是犹太人杀死了摩西,否定了犹太人在历史上面临绝境时所惯常祈求的救世主希望。然而也正是这种外在压力,促使弗洛伊德直面这样一个同样延续千年的问题:什么是犹太人的特殊性格与命运,为何犹太人一直都是世人仇视的对象?[25]

表面上看起来,正如许多研究者所说,这是本著作里的核心问题。然而结合他此前的工作,我们可以认为,弗洛伊德在本书中更为关心的问题,显然是从精神分析的视角来重新理解整个欧洲或者说西方的文明史。《摩西与一神教》与《米开朗基罗的摩西》作为考察摩西的一个整体,也隶属于弗洛伊德理解欧洲文明的研究序列中最为华丽的篇章。

在弗洛伊德的著作体系中,《摩西与一神教》是他一以贯之的精神分析式文明思考的最终体现。这个思考贯穿了1913年的《图腾与禁忌》、1914年的《米开朗基罗的摩西》、1927年的《一种幻觉的未来》和1930年的《文明及其不满》。当然,这部作品更是弗洛伊德精神分析对于"人",尤其是"西方人"的思考的体现。这一思考从《释梦》开始,中间经过

---

[25] 参见 Freud to Arnold Zweig, Sept. 9, 1934, 载 *The Letters of Sigmund Freud*, Trans. W. D. Robson-Scott, London, 1971, p.91。

了多部长篇的案例史，更为集中地体现在1920年的《超越快乐之原则》、1921年的《群体心理学与对我的分析》、1923年的《我与它我》这些系列作品中。如果要给这部著作确定几个明确的主题的话，那么就要和弗洛伊德的诸多其他思考联系在一起。例如，他从《释梦》就开始探讨的关于人，或者说关于犹太人的自我认同问题；他在"小汉斯"的案例中，以及尤其是在《图腾与禁忌》中探讨的人类宗教与文明的起源问题；他在大量的临床和实践工作中探索出来的精神分析技术在思考历史与文明议题时的运用，等等。这些方面的思考是弗洛伊德精神分析最为令人着迷的魅力之一，也共同构成了其精神分析的实质。所以，阅读本书需要有一定的精神分析知识作为背景才能够"进入"。不过，也恰恰因为如此，这部作品不仅如前所述对弗洛伊德构成了强烈的挑战，也对读者构成了强烈的挑战乃至挑衅——哪怕是熟悉精神分析的读者。用彼得·盖伊的话来说，"这部作品是一件引人好奇的产物，它的臆测性比《图腾与禁忌》尤有过之，内容比《抑制、症状与焦虑》还要驳杂，对宗教的冒犯比《一种幻觉的未来》还要强烈"[26]。

在这部著作里，弗洛伊德所认定的犹太特性，和他本人的性格高度一致，也就是犹太人反抗压迫的特性。弗洛伊德尤为强调这一点，并且将其应用到精神分析之中，即"抗拒"的力量。此外，弗洛伊德认为，这个民族由于自信为上帝选民，所以更为重视精神生活，这一点体现在宗教仪式方面的升华和日

---

[26] 彼得·盖伊，《弗洛伊德传》，商务印书馆，2018年，673页。

常生活中的神圣性构造与驱力克制,也体现在道德方面尤为强调禁欲主义并且发展出了高度的理性化。然而犹太民族的苦难命运也由此而开始。正如弗洛伊德所强调的"神圣"(sacer)这个概念同时具有的"神圣的""神所祝福的"和"遭天谴的""受诅咒的"的意思一样,弗洛伊德认为犹太民族的特性就在于此。他在中后期频繁使用的"ambivalence"一词,也即矛盾双方共存的、爱恨交织的概念,同样表明了这一点。弗洛伊德认为,这个民族的此种命运来自其内在性格或者说民族性。而这一点来自摩西的塑造。在出埃及的数十年间,摩西为犹太人打下了信仰的烙印,缔造了犹太民族,驱使他们实现了自我认识,完成了对于戒律的认同,最终使得他们到达了应许之地,却也在同时为其带来了苦难和千年的仇视。

众所周知,传说中的摩西不仅是一位犹太教的政治领袖,还同时是一位立法者、启蒙者、教育者,是一种新宗教的创立者。和《米开朗基罗的摩西》一样,弗洛伊德此作同样是从各种不被人所重视的细节入手,通过精神分析来理解这一欧洲文明史上具有根基性质的人物及其代表的起源史。弗洛伊德在第一篇中的核心问题是:"摩西是谁?"从对于"摩西"这个名字的分析出发,弗洛伊德借用奥托·兰克(Otto Rank)关于英雄神话的研究,大胆重新提出了一个此前曾被人提及的说法:摩西是一个埃及人。他的出身高贵,但是在犹太民族的神话传说中,这个民族出于自己的目的,把他改造成了犹太人。

但是,在第二篇,弗洛伊德的提问是:"单独一个个体能够创造一种新的宗教吗?"摩西律法的犹太教与埃及宗教之间存在着极为强烈的反差：一神教与多神教；抽象性与原始性；放弃不朽概念与努力延续生命（木乃伊）。摩西给予犹太人的是一种新宗教，而非埃及普遍流行的宗教。弗洛伊德认为，这种宗教来自埃及文明和历史的深处，需要从被压抑的历史中发掘出来。他找到了埃及历史上曾经昙花一现的一神教崇拜历史，推测历史上曾经存在两个摩西和两个上帝。一个是埃及的贵族摩西，那位在阿顿神教被废弃后决意率领一部分犹太人出走并且使其继承这种一神教的摩西。另外一个是在两代人，甚至是上百年后的摩西，他曾是某位米甸祭司的女婿，信奉的是火山神耶和华。他作为将两种宗教融合为一的人以及这一新宗教的建立者，同样也被称为摩西。弗洛伊德认为，《圣经》里所记载的上帝和摩西的各种复杂甚至是自相矛盾的形象，都可以经由这种两个上帝和两个摩西的说法得到解释。在这一双重性解释中，虽然摩西被来自米甸的神所取代，但是弗洛伊德认为，在漫长的历史过程中，最初的那个摩西又重新出现，赢得了胜利。这一观点显然来自精神分析的理论：被压抑的过去/历史的回归或再现。被背叛弑杀的摩西并未真正离去，只是进入了潜伏期。

通过这一理论，弗洛伊德不仅试图解释摩西是谁这个问题，同样也解释了犹太人和犹太教的起源问题。同样，正是在这一写作过程中，弗洛伊德真正实现了他在《米开朗基罗的摩西》一文中已经初步展露出来的对于摩西的认同。

在本书中，弗洛伊德引用了一个没有得到普遍支持的学术工作——塞林（Ernst Sellin）在《何西阿书》（*Prophet Hosea*）

中发现并引申的新线索：摩西被他的民众所杀，此后他的宗教也被抛弃——这一点成为后来犹太人期待救世主弥赛亚（Messiah）的根基所在，也是原罪的由来。尽管在弗洛伊德看来，这一原罪有着更为古老的渊源，但是这一"摩西谋杀"成了他在本书中分析的关键点。弗洛伊德从摩西在进入应许之地之前去世的记载——"死时眼没有昏花，精神没有衰败"——出发，通过把"金牛犊事件"等传说理解为一种关于叛乱和反抗之集体记忆的改头换面的记录，认定摩西的真正死因在于被叛乱的犹太人也即他曾经的追随者所杀。不仅如此，他的宗教和训令也被抛弃。在此之后，弗洛伊德认为，在离开埃及和《圣经》的文本确立之间，在这个大约800年的漫长发展过程中，耶和华宗教的形式又逐渐发生了变化，"慢慢重新回到了和原始的摩西宗教一致甚至完全相同的地步"。弗洛伊德认为，"这是基本的结论，也是犹太宗教史的重要本质"。

在这一对于人类历史和文明的分析中，弗洛伊德非常典型地将个体神经症和人类神经症做了比较，认为它们有着同样的特征。这一做法早在《图腾与禁忌》一书中就得到了明确的表述。而且他也一直确信，宗教现象只有按照精神分析视角下的个体神经症模式才能得到理解。他尤其强调，宗教现象是人类原初阶段中早已被忘记的重要历史事件的再现。这种史前史的潜伏、再现或者说回归，既是个体神经症的基本特征，也是人类历史尤其是宗教史的基本特征：正是由于这个根源，宗教现象才获得了其强迫症的特征。

作为一生之作，《摩西与一神教》所体现出来的弗洛伊德对于摩西的认同更为明显。不过在此之前，弗洛伊德在《精神分析运动史》一书中所设想的自己的历史地位，就已经和他所构建的"摩西史"如出一辙了。他说，"我曾对未来做过如下设想：通过这种新疗程的成功治疗，我应该已经成功拥有了自己的地位。但是**在我一生之中，科学却会完全忽略我**；数十年后，有人会成功做出这些发现——目前时机尚未成熟——并且会获得承认，会授予我先驱的荣誉。**对于一位先驱来说，失败是必然的**。与此同时，正如鲁滨孙那样，我在自己孤绝的岛屿上，尽可能舒适地定居下来。当我回顾那些孤独的岁月，今日的压力与误解，却都好像光荣的英雄时代一样。我的'辉煌的孤独'，并非没有成就和荣耀"[27]。

在这一同时带有悲怆和自恋的自我期许中，弗洛伊德明显把自己视为摩西，正在和将要遭受他在《摩西与一神教》里所描述的摩西的命运：带领人类走出蒙昧的英雄必将遭受悲怆的命运，被人所遗忘和压抑，在经历了漫长的历史也即潜伏期之后，重新回归，成为先驱。这一自我认同与他对精神分析的期望有关。对于他来说，精神分析是一种与科学、宗教和艺术具有同等地位的东西：精神分析是弗洛伊德（作为犹太人）用来征服世界的武器，同样也是现代人获得自我理解，求得自我认同，找到自我疗愈，达到应许之地的"戒律"。正如摩西塑造犹太人那样，弗洛伊德期待运用精神分析来塑造现代人。既然

---

[27] Freud, 1914/1986, "On the History of the Psychoanalytic Movement", *Historical and Expository Works on Psychoanalysis*, Penguin Freud Library, Vol. 15, Penguin Books, p.79.

每一个人都无法自足,人人都患有神经症,那么精神分析自然应该成为现代社会的"宗教",而他也就是那位必将被杀死的摩西——只是他的约书亚,似乎早已和他决裂。

四 关于本书的校对和翻译

20世纪80年代,李展开先生根据琼斯夫人的英译本翻译完成了《摩西与一神教》的中文译本并在三联书店出版。弗洛伊德的原著面向颇多,想象力丰富,涉及了众多概念和相关学者,翻译难度不小。该译本用词考究,语言华丽,许多地方都采用了意译的方法。在互联网尚未普及的80年代,译文对诸多概念还加上了注释,可以想见翻译态度之认真和用功之深。这一译本作为"现代西方学术文库"的组成部分,也得到了诸多研究的引用,在学界产生了广泛影响。前辈风范,令人追慕。2024年初,本人有幸受三联书店之邀校对该译本。出于以下几个方面的原因,本次校对做出了一系列的修订。首先,在1938—1939年,为了使得弗洛伊德在去世前可以看到英文译本,琼斯夫人的译文多少带有"急就章"的意思,其中存在多处误译。其次,琼斯夫人的翻译所基于的德文文本,和最终出版的文本,也存在些许微小的差异,这导致了两个英译本之间存在着某些差异。最后,受时代环境和学术发展所限,李展开先生的中译本也存在诸多误译之处。伴随时代变迁,学界对于该著作的理解和相应的学术语言、学术思考也都发生了许多变化。笔者根据琼斯夫人的英译本,参照后来由詹姆士·斯特拉奇（James Strachey）在1964年译出的"标准版英译本"，以及弗洛伊德的德语版本重新进行了校对。本次校对订正了原译本里的多处问题，根据学界既有的经典精神分析术语译法重新翻译了部分概念，另译出《米开朗基罗的摩西》一文，两作合编，以便有助于中文学界更进一步理解"弗洛伊德的摩西"这一主题。

除了对一些常见的术语进行校订，校对者主要对本书的核心概念做了系统修订。中文学界受英文翻译的影响，对于弗洛伊德的诸多核心概念都有误译。本次校对所修订的核心概念如下。（1）恢复了被两个英文版本都删掉或改写的"灵魂"（Seele）这个概念及其各种变体；（2）"Es"这个概念，在英语和中文里的直译本应是"it"和"它"，原译文根据英文的"Id"译为"本我"，本次校对改译为"它我"；（3）"Ich"这个概念，在英语和中文里的直译本应是"I"和"我"，原译文中根据英文翻译的"ego"译成了"自我"。"自我"的译法和其他几个概念比较起来，在中文翻译历史上一直都非常明确，属于已经进入学术史的概念。不过这一翻译不仅容易引起误解，也非常容易与其他学者的类似概念相混淆，例如社会学家米德的《心灵、自我与社会》一书中的"自我"（self）。所以，虽然在中文行文间直接翻译为"我"往往并不顺畅，本校订版本还是大胆采用了"我"这个翻译，希望能够给中文学界带来一些新的理解。（4）"Trieb"这个概念，原译文根据英译文"instinct"译为"本能"，在学理上容易让人迷惑，还无法表明弗洛伊德在本书里区分使用的"Trieb"和"Instinkt"

这两个概念。本次校对根据德文，将第三篇第一部分的倒数第五段和第二部分第 8 节第一段最后部分的 "Instinkt" 这个词，翻译为 "本能"，将其余部分的 "Trieb" 翻译为 "驱力"。（5）相应地，德文本中第三篇第二部分第 5 节的标题，原文为 "Triebverzicht"，琼斯夫人的英文本译为 "放弃与满足（Renunciation versus Gratification）"，而标准版译文虽然是直译，依然把 "Trieb" 翻译为 "instinct"。校对者在此依据原文直译为 "驱力放弃"。在遇到其他此类情况时，校对者也都根据德文原文来加以修订，余不一一。

在《米开朗基罗的摩西》一文的翻译过程中，有几处拉丁文的翻译得到了北京大学哲学系李猛教授的帮助，在此致谢。由于本人学识所限，本次校对和翻译难免会有所纰漏，甚至导致一些新的问题，所有这些问题都由本人负责。有幸为三联书店"现代西方学术文库"的经典译本校对并补充新的译文，本是一件赏心乐事，但是也容易出现纰漏，贻笑大方。笔者在此也恳请学界方家不吝赐教，以激活讨论，共同促进学术进步。

摩西与一神教[1]

李展开　译
孙飞宇　校

---

[1] 本稿依据 Sigmund Freud: *Moses and Monotheism* (Vintage Books, 1939) 译出。文中边码为原书页码。

第一篇

摩西，一个埃及人

要证明一个被其民族赞誉为最伟大儿子之一的人其实并非该民族的成员，这的确不是一件轻松愉快的事情，尤其是当证明者本人也是这个民族的成员时更是如此。然而，任何维护所谓民族利益的考虑都不能使我将真理置于不顾。再者，对此问题的纯事实探讨也许能够使我们更深入地了解这些事实所涉及的情况。

摩西，他的人民的解放者，为他们带来宗教和法律的伟人，属于那样一个遥远的年代，遥远得使人首先要问他到底是一个历史人物还是一个传奇英雄。如果他是一个历史人物，他生活的年代应该在公元前14或前13世纪；除了《圣经》和犹太人的传说记载之外，我们没有其他关于他的文字记录。上述判断虽然缺乏确凿的历史依据，绝大多数历史学家还是认为摩西其人确实存在过，由他领导的以色列人离开埃及的事也确实发生过。我们有充分的理由坚信，不承认上述这一点，以色列其后的历史将无法被人理解。较之过去的历史研究，今天的科学已经变得更加精细，在探讨历史传说时则更为大度了。

首先使我们感兴趣的是摩西的名字。他的名字在希伯来文中写作Mosche。人们很可能会问：这个名字从何而来？是什么含义？众所周知，《出埃及记》第二章中的故事已经回答了这个问题。我们从那一章里知道，从尼罗河（the Nile）水中救起婴儿摩西的埃及公主给他取了这个名字。那一章里还为这个名字做了语源学的解释，其含义是："因为我从河水中救起了他。"但是，这种解释明显是不足的。《圣经》中对这个名字的解释是："被从河水中救起的人。"《犹太百科全书》[2]的一位作者因此写道："《圣经》中的这种解释来源于民间语源学，摩西这个名字的希伯来文主动语态形式本身与这种解释不一致（Mosche 充其量只能被理解为'那个救出的人'）。"此外，我们还有两种更进一步的见解为这位作者提供支持：其一，相信一个埃及公主具有希伯来文语源学知识本来就是荒谬的；其二，婴儿摩西被救出水的地方很可能并不是尼罗河。

5 另一方面，很长时期以来，许多人都曾提出，摩西（Moses）这个名字来源于埃及语。我将从布雷斯特德的近作《良心的曙光》[3]一书中摘录一段来作为代表性的意见，他所著的《埃及史》是人们公认的权威性著作。他写道："注意他的名字 Moses（摩西）是埃及语这一点非常重要。毫无疑问，埃及语单词'Mose'的意思是'孩子'，也是其他某些名字如'Amon-mose'（阿蒙－摩西）[4]、'Ptah-mose'（普塔－

---

[2] *Jüdisches Lexikon*, founded by Herlitz and Kirschner, Bd. Ⅳ（《犹太百科全书》第 4 卷），Berlin: Jüdischer Verlag, 1930. ——原注（在以下各篇注释中，除注明原注外，其余均为译注）

[3] J.B. Breasted: *The Dawn of Conscience*（J. B. 布雷斯特德：《良心的曙光》），New York: Charles Scribner's Sons, 1934. ——原注

[4] 阿蒙（Amon, Amen）：古埃及太阳神，原为底比斯守护神。约于公元前 21 世纪初，与另一太阳神赖神（Ra, Re）被视为一体，称为阿蒙·赖神。公元前 16 世纪（第十八王朝）起，成为埃及主神。法老自称"阿蒙之子"。底比斯的阿蒙神庙为埃及最大的神庙。

摩西）[5]的缩略形式，意义是指'Amon-a-child'（阿蒙的孩子）、'Ptah-a-child'（普塔的孩子）。而这些形式本身同样可以是'Amon-（has-given）-a-child'〔阿蒙（给予了）一个孩子〕或'Ptah-（has-given）-a-child'〔普塔（给予了）一个孩子〕这类完整形式的缩写。缩略语'孩子'早就成了烦琐的姓名全称的简便形式，而 Mose，"孩子"，这个名字在埃及的纪念碑上也并不罕见。摩西的父亲不用说也会在他儿子的名字之前冠以阿蒙或普塔之类埃及神祇的名字，但这一神祇的名字在后来的流传过程中失去了，这个孩子于是逐渐被人们称为摩西（Mose）。（Moses 一词中词尾的 s 是从《旧约》希腊文译本而来的，并非出自希伯来文，希伯来文中摩西的名字应为 Mosheh。）"我按原文引用这段文字，一点也不打算分担其内容的责任。然而，我还是禁不住有些惊讶，布雷斯特德在列举与此相关的名字时，竟然忽略了埃及帝王名册中那些冠有同类神祇名字的姓名，例如阿－摩西（Ah-mose）、图特－摩西（Thut-mose）、赖－摩西（Ra-mose）等。[6]

人们也许曾经期望，在众多承认摩西（Moses）是埃及人名字的作者中间，总会有人肯定这个名字的占有者本身一定是埃及人，或者至少考虑这种可能性。在现代，虽然人名通常由

---

[5] 普塔（Ptah）：古埃及重要神祇，传说他创造了宇宙。工匠的保护神。
[6] 阿－摩西、图特－摩西、赖－摩西（也作拉美西斯），均为古埃及帝王名字，其第一部分均为古埃及神祇的名字，与"摩西"合在一起，意为"某神之子"。赖神一译拉神，是古埃及太阳神，在埃及神话中为宇宙、人和神的创造者。起初，赫里阿波利斯（在尼罗河三角洲）是奉祀赖神的中心，继而获得普遍的崇拜，并为王权所依托。

第一篇　摩西，一个埃及人

两个部分组成,虽然在新条件下引起姓名改变或同化的情况不能不加以考虑,我们却很容易从姓名判断人的种族和国别。我们会毫不惊奇地发现诗人沙米索[7]是法国血统,而拿破仑·波拿巴(Napoleon Buonaparte)是意大利人,本杰明·迪斯雷利[8]则是意大利犹太人,正如这些名字会让我们期望的那样。在涉及人类早期的情况时,这种从姓名推断种族的方法更为可靠,也更易进行。然而就我所知,没有任何历史学家对摩西其人做过如此的结论,甚至就连布雷斯特德那一类情愿假定摩西其人"通晓埃及人的所有智慧"[9]的历史学家,也没有做过这种判断。

我们只能猜测阻碍他们做出这种判断的原因:也许,这是因为对《圣经》记载的敬畏;也许,不把摩西这样的伟人想象为希伯来人本身就是荒诞不经的事情。无论出于什么原因,在鉴定伟人摩西的身世时,从来没有任何人因为承认他有一个埃及人名字而推断他是埃及人。如果他的民族问题果真显得重要,任何与此有关的新答案肯定都是会大受欢迎的。

这就是我这篇小小文章所要尝试的。它的贡献就在于运用了精神分析的学说,由此进行的种种思考将只能打动熟悉精神分析推理过程并且有能力理解其结论的少数读者。我希望本文能对他们显得有些意义。

1909年,当时仍在我影响之下的奥托·兰克(Otto Rank)

---

[7] 沙米索(Adelbert von Chamisso,本名 Louis Charles Adélaïde de Chamisso,1781—1838):德国浪漫派作家,植物学家。
[8] 本杰明·迪斯雷利(Benjamin Disraeli,1804—1881):英国政治家,作家;曾任首相。
[9] 见《良心的曙光》第334页。——原注

接受我的建议，出版了一本题为《英雄诞生的神话》[10]的书。该书述及"几乎所有古文明民族都编撰了神话和诗歌，以颂扬他们的英雄，神奇的国王和王子，宗教、朝代、帝国和城市的缔造者。简而言之，赞美他们的民族英雄。即使那些故事出自不同的、完全独立的民族，彼此之间的地理位置也可能相距遥远，其中却存在着令人惊叹的类似性，甚至完全的一致性。这些众所周知的事实已给众多的研究者留下了强烈印象"。依据兰克的这些论述，再运用与高尔顿[11]使用的方法有点类似的技巧，我们就能归纳出一种"均值神话"，使所有那些故事的实质特征突出。下面就是我们归纳出的"均值神话"：

这位英雄通常是地位极其高贵的父母之子，通常是国王之子。

他还在母腹中的时候就经受磨难，例如母亲戒食或难产；或者，他的父母因为某些禁令或外界干扰而只能暗中保持性关系。在他母亲怀上他时或妊娠之前，某种神谕或梦境就警告他父亲，将要降生的儿子以后会对他的安全构成危险。

因此，他的父亲（或者某个代表他父亲的人）下令杀死这个婴儿，或者把他抛到绝境中去；绝大多数情况下这

---

[10]《英雄诞生的神话》（Der Mythus von der Geburt des Helden），参见《实用精神生活随笔》第5章〔Schriften zur angewandten Seelenkunde（Vienna：F. Deuticke），Heft 5〕，我远不想贬低兰克原著中对此工作的贡献。——原注
[11] 弗朗西斯·高尔顿（Francis Galton，1822—1911），英国科学家，差异心理学之父，心理测量先驱。弗洛伊德此处借用了高尔顿著名的"复合摄影法"（composite photographs）。弗洛伊德在《释梦》一书的第四章"梦的化装"中，曾经直接引用过高尔顿的这种方法来说明对于梦的分析技术。

个婴儿是被装在箱子里抛到河流中去。

然后，这个婴儿被野兽或穷人如牧羊人救起，由母兽或出身低微的女人抚养。

他长大成人后，经历了许多奇异的冒险，重新找到了高贵的父母，向父亲施行了报复并获得了他的人民的承认，赢得了声誉，成就了伟大的事业。

这类神话中最久远的历史人物是公元前2800年前后巴比伦的建立者，阿卡德的萨尔贡[12]。从我们的兴趣出发，这里也许有必要重现一下他的自述：

> 我名叫萨尔贡，全能的国王，阿卡德的国王。我的母亲是个祭司，我不知道我的父亲；而我的叔父住在山里。在我的城市阿苏皮兰尼——它坐落在幼发拉底河畔——我的母亲，就是那个祭司，怀上了我。她秘密地生下了我，然后把我装在芦苇箱里，用树脂封好箱子，放入了河中。河水没有淹死我，却把我带给了阿克，提水人阿克。他出自善心救我出水，把我当成他自己的儿子哺养成人。阿克让我当了他的花匠。我当花匠的时候，伊斯塔和我相爱了。后来我成了国王，在位统治了45年。

除了阿卡德的萨尔贡之外，兰克列举的著名英雄还有摩

---

[12] 阿卡德的萨尔贡（Sargon of Agade）：即萨尔贡一世，建阿卡德王国，首都阿卡德。后统一两河流域。约公元前2200年为古丁人所灭。

西、居鲁士[13]、罗姆洛斯[14];此外,兰克还列举了神话和诗歌中的许多英雄,例如俄狄浦斯[15]、卡纳[16]、帕里斯[17]、忒勒福斯[18]、珀耳修斯[19]、赫拉克勒斯[20]、吉尔伽美什[21]、安菲翁[22]、塞索斯[23],在他们故事的全部或者至少是为人所熟知的部分,都出现过类似的青年事迹。

由于兰克的工作,我们熟悉了这类神话的来源和倾向,这里我只需要对他的结论提供几点简短的意见。所谓英雄,乃是大丈夫似的挺身而起反抗他的父亲并取得胜利的人,上述这类神话把这种斗争追溯到了英雄降生的时期,让他违背他父亲的意志而降生,并且逃脱父亲的罪恶意图而得到拯救。遗弃在箱子里的婴儿明显是生育的象征,箱子代表子宫,河水则代表羊

---

[13] 居鲁士(Cyrus, 即 Kurus):古波斯王,死于公元前 529 年,出身于阿契美尼斯(Achaemenes 即 Hakhamanish)家族,曾在米甸王阿斯蒂格斯之下为官,娶其女,后在安山(Anshan)独立称王,公元前 550 年灭米甸。
[14] 罗姆洛斯(Romulus):古罗马建国者,第一代皇帝。传说是战神(Mars)与雷亚·西尔维亚(Rhea Silvia)所生之子。婴儿时期被遗弃,由一狼哺育长大。罗马人尊他为守护神。
[15] 俄狄浦斯(Oedipus):希腊神话中拉伊俄斯和伊俄卡斯忒的儿子,他长大后无意中杀父娶母。
[16] 卡纳(Karna, Carna):罗马神话中的人体庇护女神。
[17] 帕里斯(Paris):希腊神话中普里阿摩斯和赫卡柏的儿子,他诱拐海伦而引发特洛伊战争。
[18] 忒勒福斯(Telephos):希腊神话中赫拉克勒斯和奥革的儿子,密西亚王,欧律皮罗斯的父亲。
[19] 珀耳修斯(Perseus):宙斯和达那厄之子,希腊神话中最伟大的英雄之一。
[20] 赫拉克勒斯(Heracles):希腊神话中最伟大的英雄,阿尔克墨涅和宙斯之子,以力大闻名。
[21] 吉尔伽美什(Gilgamesh):传说中的巴比伦王,曾有史诗歌颂他。
[22] 安菲翁(Amphion):安提俄珀与宙斯之子,尼俄柏的丈夫,曾以竖琴的魔力筑成忒拜城。
[23] 塞索斯(Zethos):安提俄珀与宙斯之子。

水。在无数的睡梦中，婴儿同其父母的关系由溺水或被救出水来代表。当一个民族的想象力把这类神话同某个著名人物相联系时，就表明他已经被该民族承认为英雄，他的生平已被纳入了上述的典型模式。这类神话的内在来源是所谓的"家庭罗曼史"，在这种情况下，儿子因同父母的情感关系发生变化而进行反抗，尤其是反抗他的父亲。这名孩童最初受制于对他父亲的过于夸大的高估。梦境和神话中的国王和王后总是相应地代表着父母亲。其后，儿子在敌对情绪和极度失望的影响下，开始从父母的束缚中解脱出来，并且产生了批判的态度。因此，这类神话中的两个家庭——高贵之家和卑微之家——都是他自己家庭的意象，顺次出现在这名孩童的生活中。

我们认为，以上论述充分解释了英雄诞生神话的同一性及其广泛流传的原因。更为有趣的是，我们发现有关摩西诞生和被弃的神话并不具备这种同一性，在一个根本点上甚至同其他神话截然相反。

我们的论述起始于这类神话中铸成主人公命运的两个家庭。我们知道，分析诠释使两者成为一个家庭，两者之间只存在时间上的区别。在这类神话的典型模式中，主人公降生的家庭是高贵的，绝大多数情况下是皇室血统；第二个家庭，即他成长的家庭，是低下卑微之家，与分析诠释所参照的环境一致。只有在俄狄浦斯的故事中才不存在这一差异，被一个国王之家抛弃的婴孩是被另一个皇室之家抚养成人的。在这个单独的例子中，两个家庭的家世有着细微的同一性，这对于俄狄浦斯神话本身而言很难说是偶然的。正如我们所知，两个家庭的社会关系的对照意在强调伟大人物的英雄本质，也给了我们神话的第二个功能，而这对于传说中的历史人物具有特别重要的意义；这种对比也能赋予主人公一种明显的高贵品质，从而拔高他的社会等级。例如，对于米甸人来说，居鲁士是一个外来征服者，但米甸人的神话却把他说成是米甸国王的孙子，是小时候被遗弃而漂流在外的。罗姆洛斯神话中出现了同样的迹象，如果罗姆洛斯其人确实曾经存在过，那么他肯定是一个陌生的外来冒险家和暴发户，可是罗马神话却把他说成了阿尔巴隆加[24]皇室的后裔和继承人。

摩西神话的情况则完全与此不同，其中的第一个家庭——通常非常高贵的家庭——却逊色得多，因为传说中摩西出生于犹太族的利未人[25]家庭；但是，第二个家庭——按通例把主人公抚养成人的卑微之家——则被埃及的皇室所取代，埃及公主把摩西当成自己的儿子抚养成人。这种颠倒典型模式的传说曾使许多研究者觉得奇怪。爱德华·迈耶和他之后的其他人都估计这个神话的原来形式并非如此。法老曾被一次预兆性的梦警告过，他的外孙将会对他和他的王国形成威胁，所以他就把刚刚出生的这个孩子抛到了尼罗河中。但是这个孩子被犹太人救了起来，当成自己的孩子抚养成人了。用兰克的术语来说，"民族的目的"已经把摩西的传说改变成了我们现在所知的形式。

然而，稍微再思考一下就会发现，这种摩西神话的本源形

---

[24] 阿尔巴隆加（Alba Longa）：拉丁古城，在罗马东南19公里处，建于公元前1100年以前，是当时最强大的城邦之一，传说为埃涅阿斯（Aeneas）所建。罗姆洛斯生于该城。
[25] 利未人（Levites）：古希伯来部落中的一支，专职祭司均由利未人担任。

式——主人公身世与其他神话模式相同的形式——不可能留存下来,因为这个传说既可能起源于埃及人,又可能起源于犹太人。这第一种起源可以排除,因为埃及人并没有美化摩西的目的,对于他们来说他并非英雄。因此,这个传说应该是起源于犹太人中,也就是说,它是符合典型模式中人民喜爱领袖的通例的。但是,这样一来它又完全不能适合犹太民族的目的,一个民族的传说怎么能把自己的英雄说成是外国人呢?

遗憾的是,我们现在所知的摩西神话未能实现它隐秘的目的。如果摩西不是皇室血统,这个传说就无法把他塑造为英雄;如果保持他一个犹太人的身份,又无法提高他的社会地位。整个传说中只有一个小小的特征始终使人印象深刻:无论外界的强横力量多么想把摩西置于死地,他都幸存下来了。这一特征在耶稣的早期历史中得到了重复,只不过犹太王希律取代了法老的角色。因此,我们确实有权利断言,在处理这个传说的原始材料的过程中,改编者虽然笨拙,却还是差不多看到了使英雄摩西符合典型模式中英雄特色的必要性,只是由于上述特殊原因,那样处理无法适合摩西的身份。

如果我们没有其他更成功的方法来探明这一抛弃神话,也即我们还无法判断摩西是否是埃及人,那么我们的研究也只能如此遗憾地,甚至是非常不确定地终止了。

我们还是回到这种神话中两个家庭的问题上来吧。我们知道,从分析诠释的层面来说,这两个家庭是同一的;从神话传说的层面来说,它们被区分为高贵和低贱的两种家庭。然而,对于一个信奉这一神话的历史人物而言,则还有第三个层面,即真实性标准。两个家庭中有一个是真实的,那就是伟大人物真正降生于其中并被养育成人的家庭;另外一个是非真实的,是这种神话出于自己的目的而创造出来的。按照通例,真实的一家对应着低贱的一家,而高贵的一家对应着非真实的一家。摩西的情况看来却有些不同,下述的新观点可能为我们带来一点启发。在所有可供比较的情况中,正是第一个家庭,也就是把婴儿摩西抛弃到危险境地之中的那个家庭,才是非真实的一家;而第二个家庭,即收养摩西并把他抚养成人的家庭,才是他的真实的家。假如我们在探讨摩西神话时有勇气把这一观点当成真理,我们就能豁然开朗,从而认定摩西是一个埃及人,他也许是高贵之家出身,可是传说中却把他改变成了一个犹太人。这就是我们的结论!摩西被抛弃在河里可能确有其事,可是,为了符合这一新结论,我们必须重新考虑抛弃婴儿摩西的目的。把他抛到河里的手段虽然野蛮,可是其目的却是为了使他得到拯救。

摩西传说与其他同类传说迥然不同,从他的生平故事独特的开端起就已露出端倪。其他传说中主人公的生活历程都是自微贱中脱颖而出,随着生活的进展而飞黄腾达;而摩西其人的英雄生涯一开始就屈尊降格,由显赫的出身降低到了以色列孩子的水平。

进行这点推敲的目的,就是为了获得第二个创见性的论据,以证明摩西是埃及人的论点是正确的。我们已经看到,上述第一个论据即关于摩西名字的论据尚未成为定论[26],因此,我们必须做好准备,以防新的推理过程即分析婴儿摩西被谁遗

---

[26] 例如,爱德华·迈耶在《摩西传说和利未人》("Die Mosessagen und die Lewiten")〔载《普鲁士皇家科学院会议报告》(*Sitzungsberichte der Königlich*(转下页)

弃的问题结果不佳。由于有关摩西传说的起源和演变情况纷繁复杂，上述第一个论据之类的观点显然无法得到承认；更由于涉及摩西这个历史人物的情况支离破碎而又自相矛盾，加之许多世纪以来确实存在着人们对这一传说的有意改装和阉割，任何提取这一史实实质的努力都注定无法成功。我个人并不欣赏这么一种消极的态度，但是我却无法驳斥它。

如果果真无法取得比上述论断更有力的论据，我为什么还要把这种探讨摆到更多的公众面前呢？很遗憾，我没法直截了当地提出自己的正当理由。然而，如果有人被上述两项论据所吸引，并且认真地打算接受摩西是一个高贵的埃及人这个结论，非常深远而且有趣的前景就会展现出来。借助某些假设的帮助，指引摩西去承担那非同寻常的使命的动机将会变得明白易懂；摩西为犹太民族设立的法律和宗教中的许多独特之处也可以因此得到解释。这样，我们还能概括出一神教宗教起源的某些重要概念，当然，这些重要概念不能单独建立在心理学或然性的基础上。即使有人愿意将摩西是埃及人这一点当作历史事实来看待，我们至少也还应该有立得住脚的证据，以免它被当作异想天开的产物或与实际情况大相径庭的货色而遭到谴责。为此目的，弄清摩西的生平年代和出埃及时期的客观证据也许是足够的了，但是这并不是唾手可得的。因此，我们最好还是抑制住自己的推断，使它不要沿着摩西是埃及人这个我们自己的观点发展。

（接上页）*preussischen Akademie der Wissenschaften*），Berlin，1905〕中写道：
"摩西这个名字可能是塞罗（Silo）祭司王朝中的平查斯（Pinchas）这个名字……它毫无疑问是个埃及名字。然而，这并不能证明那些王朝具有埃及根源，但却表明了它们与埃及有关系。"（第651页）人们也许很有理由提问，这种关系到底是一种什么关系？——原注

第二篇

如果摩西是个埃及人……

在本书第一章中，我力图用一个新论据来说明犹太民族的解放者、立法者摩西并非犹太人，而是埃及人。他的名字来源于埃及词语，这一点虽然没有得到应有的重视，但早已被人注意到了。此外，我认为对婴儿摩西被遗弃的神话的分析必然得出下述结论，即他是一个埃及人，但有个民族需要把他说成是犹太人。在我的文章结尾处，我曾说过，由摩西是埃及人的设想可以做出重要而意义深远的结论，但是我没有打算公开提出这类论点，因为它们建立在心理学或然性的基础上，缺乏客观的证据。这样辨析出来的可能性意义越重大，将其发表并面对外界批评时就应该越谨慎，因为它就像一座放在陶土上的钢铸纪念碑，没有任何安全基础，不论这些可能性多么具有诱惑力，我们都不可能保证它们没有漏洞；即使一个问题的所有部分都吻合得丝丝入扣，我们也必须记住，可能的不一定就是真理，真理也并不一定总是可能的。并且，归根结底，被人认为与学究和捧着犹太法典不放的人为伍，满足于卖弄智巧，而不管自己的结论离真理有多远，终究不是令人向往的事情。

虽然这些疑虑至今仍然像过去一样使人感到沉重，我的各种目的也互相冲突,我还是下定决心在第一篇文章之后,继续写下本文。但是我要再次重申,它仅仅是全文的一个组成部分,而且不是最重要的部分。

一

按照前文所述,如果摩西是一个埃及人,由此设想而来的第一个收获就是一个难于解开的新谜。当某个部落[1]的人民准备进行一项伟大的事业时,可以预料,他们当中的一员将自居为领袖,或者被推选出来担任这个角色。但是,到底是什么能够引诱一个身世显赫的埃及人——也许是一个王子、祭司或高级官员——自愿去充当一群更不开化的移民的首脑,并且同他们一起离开自己的国家呢?这一点不容易推测。众所周知,埃及人对外国人十分蔑视,这使得那样一个行动更不可能。确实,我倾向于认为,这就是使那些甚至承认摩西这个名字是埃及人的名字,并且把所存的埃及智慧都归于摩西一人的历史学家不愿意考虑摩西明显可能是埃及人的原因。

第二个困难接踵而至。我们必须记住,摩西不仅是定居埃及的犹太人唯一的政治领袖;他还为他们制定法律,教育他们并强迫他们接受了一种新宗教,这种宗教至今仍然被称为摩西律法。但是,单独一个人能够那样轻而易举地创立一种新宗教吗?当一个人想要影响另一个人的信仰时,最自然不过的做法

---

[1] 我们一点都不清楚跟随摩西离开埃及的犹太人数目。——原注

难道不是使其改信自己的宗教吗？埃及的犹太人当然不会没有某种形式的宗教，如果为他们创立新宗教的摩西是一个埃及人，那我们就无法拒绝这种新宗教是埃及宗教的可能性。

这种可能性面临着一道障碍：以摩西名字命名的犹太教与埃及宗教之间的尖锐对立。犹太教是一种庞大而严格的一神教，它只有一个神，一个唯一的、全能的、无法接近的神。没有人能够看到他的容貌；人们不能塑造他的肖像，甚至也不能提到他的名字。另一方面，在埃及宗教中，不同地位和起源的神却多得叫人数不清。其中有些是大自然威力的化身，如天和地、太阳和月亮等；有些是抽象概念，如马特（Maat，指正义、真理），或者是某种怪异的创造物，如形状似侏儒般的伯斯（Bes）；然而，其中大多数是本地神，是在埃及土地划分成许多省时起源的。他们具有动物的形状，好像还没有摆脱他们的古老图腾动物的出身似的。这些神没有明确的区别，只是由赋予其中某些神的特殊作用而得以模糊地区分。人们毫无顾忌地对他们一视同仁，对其中的每一个神都唱着同样的颂歌，以至于我们完全无法指望能区分他们。这些神的名字互相掺杂，甚至其中一个神的名字成为另一个的名字的组成部分。比如，在"新帝国"的最繁荣时期中，底比斯城[2]的主神名叫阿蒙-赖（Amon-Re），这个名字的第一部分阿蒙（Amon）是个长着公羊头的城市守护神，而赖（Re）却是安城（On, Heliopolis）

---

[2] 底比斯（Thebes）：一译忒拜，埃及古城之一。古埃及中王国和新王国时期的首都，跨尼罗河中游两岸，为阿蒙神庙所在地。公元前88年被毁，其遗址在今埃及卢克索（Luxor）和卡纳克（Karnak）一带。

的鹰头太阳神的名字。巫术和仪式，魔力和符咒在祭祀这些神的活动中占据着主宰性地位，就像它们在埃及人的日常生活中占据着统治性地位一样。

这些区别中的一部分无疑来自严厉的一神教和松散的多神教之间的对立。另一些则明显是不同智力水平的结果：多神教非常接近于原始宗教，而一神教却已达到使人惊奇的抽象高度。也许就是这两种特征不时使人们产生这种印象，即摩西宗教和埃及宗教之间的对立是被有意促成并故意强化的。例如，受摩西宗教激烈谴责的各种魔法或巫术在埃及宗教里十分盛行；当埃及人兴致勃勃、不知满足地用泥土、石头和金属塑造他们那些我们今天在博物馆看到的众多神像时，摩西宗教却毫不含糊地禁止制作任何活着的人或虚幻的神的肖像。

在这两种宗教之间还有一种区别，我不打算加以解释。在古代没有其他任何民族像埃及人那样费尽心力去抵制死亡，去为死后的生活做精心的安排；与此一致，另一世界的统治者，死神奥西里斯[3]，在所有埃及神中是最著名而且最不容争议的。另一方面，早期犹太教却完全放弃了不朽的概念，它从来没有提到过人死后仍然存在的可能性，这一点是最值得注意的，因为后来的经验表明其相信人死后能得到超度并能够与一神教宗教和谐共处。

---

[3] 奥西里斯（Osiris）：古埃及的植物神，尼罗河水神，又为阴间主宰。据古埃及神话，奥西里斯原为地上之王，教人以农耕，为其弟塞特杀害，其妻伊西丝（Isis）、子荷鲁斯（Horus）觅得尸体并使之"复活"后，成为阴间之王，审判死者灵魂。该神话曾广泛流传于埃及民间，对后来耶稣基督传说有一定影响。

我曾经希望,摩西是埃及人这种设想将在许多不同的方面富于启发性和刺激性。但是,我们由此而来的第一个推断——摩西给予犹太人的新宗教是一种埃及宗教——却建立在这两种宗教的不同之点上,甚至建立在两者的鲜明对立上。

二

埃及宗教史上的一个奇怪的事实使我们产生了另一个观点,这个事实比较晚才得到鉴定和承认。摩西给犹太民族带去的宗教虽然不是当时埃及奉行的那一种宗教,却仍然可能是他自己的宗教,即一种埃及宗教。

在光荣的第十八王朝时期,埃及第一次成为一个世界强国,有个年轻的法老在公元前1375年前后登上了王位,他最初仿效他的父亲将自己称为阿蒙霍特普[4](意为阿蒙之子),但是后来改了名字——而且不仅仅改了他自己的名字。这位国王强迫他的臣民接受了一种严格的一神教,这种新宗教同他们的传统和习俗完全相反。就我们所知,这种新宗教在世界历史上还是首次尝试:在那之前以及之后很长时期,人们都没有产生

---

[4] 阿蒙霍特普四世(Amenhotep Ⅳ,?—前1358)即埃赫那顿(Ikhnaton),古埃及第十八王朝法老(约前1375—前1358)。依靠以中小贵族为核心的军事集团,实行打击阿蒙祭司和大贵族、加强中央集权的宗教改革;强制执行对唯一太阳神阿顿的崇拜,取消传统的多神教信仰;将自己的名字改为埃赫那顿(意即阿顿的奉事者);另建新都阿克塔顿(Akhetaton,意即阿顿光辉普照之地,在今泰尔·埃尔-阿马尔那);编《阿顿颂诗》。遭旧势力反对,死后不久改革即被废止。有关法老的对外交往,多见于《阿马尔那文书》中。

的宗教偏执问题,当时却无可避免地伴随着这种一神信仰而产生了。但是,阿蒙霍特普的统治只持续了17年;公元前1358年他去世后不久,那种新宗教即被废除,这位持异端邪说的国王也被人们逐出了记忆。从他新建的以他的神命名的首都废墟中,从那里的石头坟墓的雕饰上,我们得以稍许了解有关他的情况,关于这个杰出的、绝无仅有的人的一切有关情况确实是值得极大注意的。[5]

一切新事物都必然有其历史渊源,埃及一神教宗教的起源可以比较有把握地追溯到一个相当久远的时期。[6]在安城(赫里阿波利斯[7])的太阳神庙的祭司学校里,在那之前一度已经出现了一种倾向,发展出了关于一个普遍神的概念,并且强调他在伦理学方面的意义。真理、秩序和正义女神马特(Maat)是太阳神赖的女儿。在阿蒙霍特普三世(改革者阿蒙霍特普四世的父亲和前任)还当权时,对太阳神的崇拜就在日益上升,这种崇拜可能与对当时已经处于高度突出地位的底比斯的阿蒙崇拜互不相容。太阳神的一个古老的名字,阿顿或阿吞(Aton or Atum)又被抬出,在这个阿顿宗教中,年轻的国王阿蒙霍特普四世找到了一个他无须创立的运动,他只须参与其中就足

---

[5] 布雷斯特德称他为"人类史上第一人"。——原注
[6] 我这里举出的事实非常接近 J. B. 布雷斯特德的《埃及史》(1906)和《良心的曙光》(1934)以及《剑桥古代史》第二卷的相应章节。——原注
[7] 赫里阿波利斯(Heliopolis),即太阳城,古代埃及的希腊族人对伊乌努城(Iunu)的称谓。赫里阿波利斯,意为"太阳之城",是阿吞神的崇拜中心。其祭司们宣称,在创世开始时,该城的阿吞神庙所在地就是阿吞开始创世时的原始山岗,致使该城成为最崇高的圣地。新王国时期,底比斯城及其神阿蒙崛起,取代了太阳城和阿吞的优势地位。

够了。

　　大约在那段时期，埃及的政治环境开始对宗教产生持续的影响。由于伟大的征服者图特摩斯三世[8]的武功，埃及已经成为一个世界强国，南方的努比亚（Nubia），北方的巴勒斯坦、叙利亚和美索不达米亚的一部分已被纳入了帝国的版图。这种帝国主义在宗教中表现为普遍性和一神教。既然法老操心的范围现在扩及埃及之外的努比亚和叙利亚，神本身也就必须放弃它的国界，埃及的新神就必须像法老一样，在埃及的新世界中树立起唯一的和无限的权威。此外，随着疆界的扩大，埃及自然变得容易接受外来影响；阿蒙霍特普四世的一些嫔妃是亚洲的公主[9]，她们甚至可能是一神教从叙利亚渗入埃及的直接鼓励因素。

　　阿蒙霍特普从来没有否认过他对安城太阳神的崇拜。从保存下来的当时石墓上雕刻的可能系他所写的两首对阿顿的颂歌来看，他称赞太阳是埃及内外所有生物的创造者和保护者，其狂热程度，只有在许多世纪之后颂扬犹太上帝耶和华（Jahve）的赞美诗里出现过。但是他没有停留在那种对太阳光作用惊人的科学预见上，毫无疑问，他走得更远：他不是把太阳作为一个物质对象来崇拜，而是作为一个神的象征来崇拜，这个神的

---

[8] 图特摩斯三世（Thothmes Ⅲ，Thutmose Ⅲ）：古埃及第十八王朝法老（约前1479—前1447），多次发动对外侵略战争，掠夺土地、奴隶和财富，使埃及版图北达叙利亚北部，南达尼罗河第四瀑布，成为当时的强国。又将大批战利品和贡物献与阿蒙神庙，助长了僧侣贵族的权势。
[9] 阿蒙霍特普最喜爱的妻子诺芙尔特蒂（Nofretete）可能也是亚洲人。——原注

力量由他的光线得到了证实。[10]

但是，如果仅仅把这位国王看成在他之前就已存在的阿顿宗教的坚持者和保护人，我们确实就贬低了他的作用。他的活动更为充满活力。他在阿顿教中加入了某些新东西，首次把一个普遍神的教义转变成了一神教，也即加入了排他性。在他所写的一首颂歌中，他清楚地说："啊，您——唯一的神，除您之外没有其他的神。"[11]我们必须记住，要赞扬这种新教义，仅仅了解它的积极内容是不够的；了解它的消极方面，即它所弃绝的内容，对我们同样重要。设想这种新宗教会像雅典娜跳出宙斯的额头[12]那样一蹴而就，也会是一个错误。实际上所有证据都显示出，在阿蒙霍特普统治期间，阿顿教被强化了，以便变得更纯洁、更持久、更严厉、更狂热。这种趋势可能是由那些起而抗拒国教改革的阿蒙教祭司的强烈反对引起的。在阿蒙霍特普统治的第六年，这种敌意急剧增长，以至

---

[10] 布雷斯特德：《埃及史》第360页，"但是，不论这种新国教的赫里阿波利斯的根源多么明显，它不是单纯的太阳崇拜；阿顿（Aton）这个词被用来取代了表示'神'（nuter）的古老用词；并且，阿顿神是被非常清楚地区别于物质的太阳的。"《良心的曙光》第279页写道："很明显，这位国王把太阳使地球上人们感受到的力量崇拜为神。"厄尔曼关于阿顿神崇拜的意见也是与此相通的，他在《埃及的宗教》（1905）中写道："有许多词语被用来从抽象意义上表述这种事实：受崇拜的并不是太阳这个星球本身，而是显示它本身的那种存在。"——原注
[11] 布雷斯特德：《埃及史》第374页。——原注
[12] 雅典娜（Pallas Athene）：希腊神话中的智慧女神，罗马神话中称为密涅瓦。主神宙斯恐生子比自己强大，把妻子墨提斯吞入腹中，顿觉头部剧痛，命火神劈开其脑，雅典娜即从中跳出，全身披戴铠甲。后以纺织、缝衣、油漆、雕刻、制陶等技艺和战术传授人类。曾与海神波塞冬相争，因出示第一棵橄榄树获胜，遂成为雅典卫神，祭祀她的帕提侬神庙是古希腊最著名的建筑物之一。

于阿蒙霍特普干脆更改了自己的名字，因为在新教中被禁止的神阿蒙的名字是他名字的一部分。于是他改名为埃赫那顿（Ikhnaton）。[13] 他不仅从自己的名字中清除了被仇视的神阿蒙的痕迹，而且清除了所有有关的雕刻碑铭，即使是以他父亲阿蒙霍特普三世名义建立的也不例外。他更名为埃赫那顿后不久离开了仍在阿蒙神影响之下的底比斯，在上尼罗河建立新都，定名为阿克塔顿（Akhetaton，意为阿顿之光）。它的遗址现名为泰尔·埃尔－阿马尔那。[14]

阿蒙霍特普四世掀起的宗教迫害首先指向阿蒙神，但并非仅此而已。帝国内的每一处阿蒙神庙均被关闭，仪式被禁止，神庙的财产被侵占。这位国王越来越狂热，以至于下令清查古老纪念物上的题铭，凡是使用复数的"神"这个词的地方均予抹除。[15] 毫不足怪，这些命令在被压迫的祭司和心怀不满的人民中引起了狂热的报复反应，阿蒙霍特普四世死后，这种反应才得以自由发泄出来。阿顿神教没有引起人民的兴趣；它可能只局限在埃赫那顿周围的人当中。他的结局显得极为神秘，我们约略知道他家族中几个短命继承人的情况。他的女婿图坦

---

〔13〕 我按照布雷斯特德的拼法拼写这个名字（有时拼作 Akhenaton），这位国王的新名与旧名的意义大致相同，意为"神满意了"。——原注
〔14〕 1887年在该地发现了一些古代埃及信件，系埃及国王们与其亚洲朋友和诸侯的通信文书，对了解历史具有重要意义。——原注
　　　上述信件即《阿马尔那文书》，是古埃及新王国时期的外交文书，19世纪末在泰尔·埃尔－阿马尔那（Tell el-Amarna，位于埃及开罗以南287公里）附近发现。计有楔形文字泥板数百块，系第十八王朝法老阿蒙霍特普三世、阿蒙霍特普四世与巴比伦、米坦尼、亚述等国国王的交往文书，是研究公元前15到前14世纪埃及与西亚各国外交关系的重要史料。分散存于柏林、伦敦、开罗等地博物馆。
〔15〕 布雷斯特德：《埃及史》第363页。——原注

卡顿[16]（Tutenkhaton）被迫迁都回底比斯，并且用阿蒙神的名字替换了他名字中阿顿神名字的部分，改名为图坦卡蒙。其后经过了一段混乱时期，直到公元前1350年，他的将军荷伦希布（Haremhab）才成功地恢复了秩序。光荣的第十八王朝寿终正寝了，同时，它的征服地努比亚和亚洲诸国也丧失了。在这段缺乏正常统治者的时期，埃及的古老宗教得以复苏，阿顿神教走到了末路，埃赫那顿的首都被劫掠、捣毁，他也变得声名狼藉。

为了某种特定的目的，我们将要强调阿顿宗教的几个消极特征。首先，所有的神话、巫术和魔法都被排除在它之外了。[17]

其次，代表太阳神的方式不再是早期的小金字塔或鹰，而是一个从中散发出的射线终结在人的手中的圆盘——这几乎是理性的表达了；无论在阿马尔那时期人们多么崇尚艺术，我们都没有发现任何象征太阳神阿顿的东西，而且我们可以有把握地认为将来也不会发现任何这类物件。[18]

最后，关于死神奥西里斯和冥界，人们没有任何说法。无

---

[16] 图坦卡蒙（Tutenkhamon）：古埃及第十八王朝法老（约前1358—前1348），原名图坦卡顿（Tutenkhaton）。他在阿蒙祭司和大贵族压力下，终止前法老阿蒙霍特普四世的宗教改革，更名为图坦卡蒙，并将都城从阿克塔顿迁回底比斯。其陵墓于1922年被完整发现，墓内有金棺、法老木乃伊和大批艺术珍品，现存开罗博物馆。

[17] 阿瑟·韦戈尔在《埃赫那顿的生平和时代》（Arthur Weigall: *The Life and Times of Akhnaton*, 1923）第121页中写道："埃赫那顿不愿承认有一个地狱，为了抗拒这个地狱的恐怖，人们必须借助无数巫术符咒的保护。""埃赫那顿把所有这些繁文缛节付之一炬，妖魔、鬼怪、精灵、巨兽、半人半神的怪物以及奥西里斯本人和他的阴曹地府统统被投入烈火，化为灰烬。"——原注

[18] 韦戈尔：同上书第103页，"埃赫那顿不允许把阿顿雕塑成像，他说，真正的神没有形状。他整个一生都坚持这个观点"。——原注

论是颂歌还是坟墓题铭,都和当时这位埃及核心人物有关的任何事物毫无关系。阿顿神教与埃及流行宗教的对立在此表现得再生动不过了。[19]

三

我现在冒昧地做出以下结论:如果摩西是一个埃及人,如果他把自己的宗教传给了犹太人,那么那种宗教是埃赫那顿的阿顿神教。

在此之前我比较过犹太教和埃及宗教,注意到了两者之间的极大区别。现在我们将比较犹太教和阿顿神教,并且可以预料它们从起源上说是同一的。我们知道这不是一件容易事。由于阿蒙神教祭司们的报复导致的后果,我们对阿顿神教也许了解得并不充分。对于摩西宗教,我们只知道它的最后形式,即巴比伦之囚[20]后大约800年时由犹太祭司们固定下来的形式。不管这个材料多么不可靠,如果我们能够从中找到某些与我们预料一致的东西,那么也是值得我们高度重视的。

我们可以由一条捷径来证明摩西宗教就是阿顿神教,也就

---

[19] 厄尔曼:《埃及的宗教》第90页,"关于奥西里斯和他的冥界,再也没有任何议论"。

布雷斯特德:《良心的曙光》第291页,"奥西里斯完全被漠视了,在关于埃赫那顿的记录中或阿马尔那的任何坟墓发掘出的文书中从来没有提及过他"。——原注

[20] 巴比伦之囚:公元前586年,新巴比伦国王尼布甲尼撒二世攻占耶路撒冷,灭犹太王国,俘大批犹太人归,史称"巴比伦之囚"。公元前538年波斯国王居鲁士陷巴比伦,释放犹太囚虏返巴勒斯坦,重建耶路撒冷。"巴比伦之囚"一词通常也泛指这一历史时期,故又有"犹太人受难时代"之称。

是说，由获准入教前所做的信仰声明或誓言来证明。但是恐怕有人会说这种方法是不现实的。众所周知，犹太教信仰的信条是这样说的："Schema Jisroel Adonai Elohenu Adonai Echod."如果埃及神名阿顿（Aton 或 Atum）与希伯来语阿东赖（Adonai），以及叙利亚神名阿东尼斯（Adonis）之间的相同之处不是一种巧合，而是在语言和含义方面原始统一性的结果，则我们可以把这句犹太教信条翻译如下："听着，啊，以色列（犹太人），我们的神阿顿〔Aton（Adonai）〕是唯一的神。"〔"Hear, O Israel, Our God Aton（Adonai）is the only God."〕可惜！我完全无法回答这一问题，也无法在有关文献里找到答案[21]，可是我们最好不要把事情看得如此简单。此外，我们还得重新探讨这个神名的问题。

上述两种宗教中的异同之处很容易辨别，但却并不能使我们得到多大启迪。这两种宗教都是严格的一神教形式，我们将倾向于把两者之中的相同之处简化为这种基本特征。犹太一神教就某些方面而言比埃及一神教更没有通融性，比如它禁止用任何可见物来代表它的神。除了神名不同之外，两者之间最本质的区别就在于犹太教完全放弃了对太阳的崇拜，而埃及一神教却仍然坚持这一点。在比较犹太教和埃及民间宗教时，我们有这样的印象，即除了两者之间在原则上的对立之外，还有一

---

[21] 只有韦戈尔在上述著作第12页和19页的少数段落中提到这一点："把赖神（Re）描述为落日的阿吞神（Atum），与阿顿神（Aton）可能属于同一起源，在北方的叙利亚受到广泛的崇拜。因此，对于一个外国王后及其扈从来说，赫里阿波利斯可能比底比斯更具有吸引力。"——原注

种有意形成的对立因素存在。我们知道,埃赫那顿怀着敌意针对当时的流行宗教精心培植起阿顿神教,当我们在比较中用它来代替犹太教时,这种印象就显得有道理了。我们惊奇而且不无理由地发现,犹太教不谈及阴间的任何事情,因为这种信条和犹太教这种最严格的一神教是谐调一致的。既然埃赫那顿必须对抗当时流行的宗教,而死神奥西里斯在其中起着比上埃及地区任何其他神祇都更重大的作用,那么我们从犹太教回顾阿顿神教,并推测犹太教的这种特点来源于阿顿神教,就不会再觉得惊奇。犹太教与阿顿神教在此重要之点上的一致,为我们的论点提供了最有力的论据,我们将看到这还不是唯一的论据。

摩西不仅给予了犹太人新的宗教,同样可以肯定的是,他传去了割礼的风俗。这对我们的问题具有决定性的意义,而这一点几乎至今还未受到重视,当然,《圣经》上的内容经常与此相矛盾。一方面,它把这个风俗的起始期定到了希伯来族始祖亚伯拉罕[22]的时候,把它作为上帝和亚伯拉罕之间协约的标志;另一方面,《圣经》里一段特别含混的内容里又提到,上帝因为摩西疏忽了这个神圣的习俗而感到愤怒,因此决定将他杀掉以示惩罚。摩西的妻子是个米底亚人,她为了从上帝的盛怒之下挽救丈夫,慌忙中为他做了割礼手术。然而,这些只不过是些失真的记载,我们不应该因此误入歧途;我们现在就将揭开这些失真记载的日的。事实说明,涉及割礼起源的

---

[22] 亚伯拉罕(Abraham):《圣经》中所记希伯来族的始祖。

问题只有一种答案：它起源于埃及。"历史之父"希罗多德[23]告诉我们，割礼风俗在埃及已经流传了很长时间，他的说法已经从对木乃伊做的检查和古墓壁上的画中得到了证实。就我们所知，东地中海地区没有其他任何民族追随过这个风俗；我们可以肯定，闪米特人[24]、巴比伦人（Babylonians）和苏美尔人（Sumerians）都没有行过割礼。《圣经》历史上记载迦南（Canaan）的居民同样未行过割礼，在雅各（Jacob）的女儿和示剑的王子之间冒险经历[25]的故事中，行割礼的事也是假定的。[26] 假如人们认为，在埃及的犹太人可能通过其他途径接受了割礼习俗，与摩西给予他们的宗教并无关系，这种说法也是很容易被驳倒的。现在让我们记住，割礼在埃及是被人们当成普遍风俗而施行的，同时也让我们暂时接受下述通常的假设：

---

[23] 希罗多德（Herodotus，约前484—前425）：古希腊历史学家，在西方史学中有"历史之父"之称。

[24] 闪米特人（Semites）：旧译闪族。西亚和北非说闪含语系闪族语的人。古代包括巴比伦人、亚述人、希伯来人、腓尼基人等。近代主要包括阿拉伯半岛居民、犹太人、叙利亚人和埃塞俄比亚居民的大部分。得名于犹太经典《创世记》所载的传说，称他们是挪亚长子闪的后裔，今特指犹太人。

[25] 据《圣经·创世记》34：12记载，利亚和雅各所生的女儿底拿（Dinah）到示剑城（Shechem，迦南之一古城）去，示剑城国王希抹人哈抹儿子示剑看见底拿，强行玷污了她。之后哈抹携示剑到雅各求婚，雅各的儿子西缅和利未假意应承，要求示剑城居民行割礼后方能让示剑与底拿成婚，然后乘示剑人行割礼术后将其杀尽，并将该城劫掠一空。

[26] 我在这里使用一种独断专横的方式引用《圣经》传说，即于我方便时便加以引用以证实我的结论，不利的时候就毫无顾忌地放弃。我非常清楚地知道，这种方法会招致严厉的批评，并且削弱我证据的分量。但是，就如我们所知，对于那些受过改装而可靠性严重受损的材料而言，这也许是唯一的方法。我们希望，在揭开了那些隐秘动机之后，这种方法的合理性将得以显示出来。当然，在任何情况下都不可能获得确凿的结果。此外，我们或许可以说，其他所有作者也是以同样的方式行事的。——原注

摩西是一个犹太人，他想把他的同胞们从埃及领主的束缚下解救出来，带领他们离开埃及去开创独立自主的生活，并且，他确实完成了这一业绩。既然如此，他在那种时候强迫他们接受一种会使他们变成埃及人，并且注定会使他们保持对埃及的记忆的习俗，到底会有什么意义？他的目的是完全与此相反的，也就是说，他的人民应当完全忘掉这个奴役他们的国家，应当克制对"埃及奢侈生活"的留恋。上述历史事实和我由此事实而进行的推理之间如此不能相容，因此我冒昧做出下述结论：如果摩西不仅给犹太人带去了宗教，而且也带去了要他们接受割礼的法律，那么他就不是犹太人而是埃及人，而且，由于和埃及盛行的宗教之间的冲突对立，摩西宗教可能是一种埃及宗教，也就是阿顿神教这个犹太教在某些显著之处都与其如出一辙的宗教。

如前所述，我关于摩西不是犹太人而是埃及人的假设形成了一个新的疑团。如果他是犹太人，他的所作所为不难理解，但在埃及人看来就会显得不可思议。但是，如果我们把摩西的生平放在埃赫那顿当政期间，并且假设他和这位法老有某种联系，那么这种疑团就会解开，他的动机可能就会显现出来，而使我们所有的问题都得到解答。让我们假定摩西是一个贵族，一个很有身份的人，或者像神话中传说的一样，确实是皇室的一个成员。他意识到自己能力非凡、抱负远大、精力充沛。作为人民的领袖和帝国的统治者，或许他还对自己的未来并不乐观。在同法老的密切接触中，他成了这种新宗教的自觉追随者，他充分理解了其基本原理，并且加以融会贯通。随着这位法老的死和其后的反动，他看到自己所有的希望和憧憬都断送了。如果他不愿改变自己十分珍视的信念，埃及对他来说就不再值得眷恋；他已经失去了自己的祖国。在这种非常时刻，他发现了一种不同寻常的解决方法。梦想家埃赫那顿已经使自己和人民变得疏远，已经使他的辽阔帝国走向崩溃。摩西的活跃天性中孕育了一项计划，他要建立一个新的帝国，寻找新的臣民，他要将遭到埃及人蔑视的宗教传给他们。我们能够理解，这是反抗命运的英勇努力，是要从两个方向来弥补他在埃赫那顿的灾祸中蒙受的损失。也许他在那段时期是边疆省〔戈森（Gosen）〕的总督，那些地区当时可能已进入"喜克索人时期"（The Hyksos Period）[27]，某些闪米特部落已经在那里定居。他把这些闪米特人选择为他的新臣民，不愧是一个历史性的决定！[28]

他同他们建立起关系，充任了他们的首领，并且"用手的能力"带领他们离开埃及。与《圣经》传统完全相反，我们或可假定这次"出埃及"是和平地进行的，并没有受到追击。摩

---

[27] 喜克索人（Hyksos）：约公元前1710年由亚洲侵入埃及的游牧民族，"喜克索"本意为"牧人王"。他们越过西奈半岛侵入埃及，并以尼罗河三角洲的阿瓦里斯（Avaris）为中心，建立"牧人王朝"。据说传六代国王，相当于埃及第十五、十六和十七王朝。约公元前1580年被埃及人逐出。喜克索人第一次把马和战车传入埃及。

[28] 如果摩西是一个高级官员，我们就不难理解他为什么适宜担任犹太人的领袖。如果他是一个祭司，他必然会想到为他们建立一种新宗教。在这两种情况下，他都会继续他原来的职业。皇室的成员很容易兼有这两种职务：总督和祭司。弗雷维厄斯·约瑟夫斯（Flavius Josephus）接受了摩西是一个弃婴的传说，但似乎还了解《圣经》之外的其他传说，他在他的文章中说，摩西是对埃塞俄比亚的战争中取胜的埃及高级军官。——原注

西的权威使之成为可能；并且，当时也没有中央政权的力量来阻止那次出逃。

根据我们的构想，离开埃及的大迁徙可能发生在公元前1358年至前1350年之间，那就是说，在埃赫那顿死后，荷伦希布恢复国家权威之前的一段时期。[29]那次漂泊的目的地只可能是迦南。在埃及的霸权崩溃之后，一批批好战的阿拉米人（Arameans）已经席卷了整个国家，他们的征服和掠夺，表明了一个强悍的民族能够攫取新的土地。我们从1887年在阿马尔那城废墟里发现的信件中了解了这些阿拉米武士的事迹。那时他们被称为哈比鲁人（Habiru），这种称号不知怎么传给了后来的犹太入侵者希伯来人（Hebrews）。阿马尔那的信件中不可能提及这些后来的希伯来人。这些部族与逃离埃及的犹太人关系最为接近，也居住在巴勒斯坦以南，也即迦南。

我们所猜测的这次"出埃及"的动机，也可以用于解释割礼制度的建立。我们知道人类——无论是整个民族还是个体——对于割礼这种几乎已经无法令人理解的古老风俗的反应。那些没有施行割礼的人觉得它非常荒唐可憎，而那些受了割礼的则引以为自豪。他们为之感到高贵，充满优越感，并且鄙视未受割礼的人，觉得他们肮脏不堪。就是在今天，土耳其人（Turk）还激烈地咒骂基督教徒，称他们为"未受割礼的

---

[29] 这段时期可能比多数历史学家推定的要早约一个世纪。他们认为这段时期在第十九王朝的麦伦普塔统治时期，或者还要迟一点，因为官方的档案似乎把荷伦希布掌权时的空位期包括在内。——原注

狗"。我们可以相信，身为埃及人的摩西受过割礼，并且秉承着这种态度。他带领着离开埃及的犹太人应该成为比他抛在身后的埃及人更好的替代者，在任何方面都必须胜过他们。他希望把他们造就为一个"神圣的民族"——正如在《圣经》文本里清楚写明的那样——他把这个风俗介绍给他们，作为他们献身的标记，使他们至少可以成为与埃及人不相上下的人。如果这个风俗能够使他们在迁徙途中被隔离开来，防止他们与其他民族的人混交，就像埃及人处于和其他外国人的隔离状态一样，对于摩西来说当然是乐见其成。〔30〕

然而，后期的犹太传统却似乎遭到了我们刚才发展出的这一系列观点的压制。承认割礼是由摩西传播的一种埃及风俗，就简直无异于承认摩西传下来的宗教是一种埃及宗教，但是，犹太人也有很充足的理由来否认这一事实。因此，关于割礼的真实情况也只好如此互相矛盾。

---

〔30〕希罗多德（Herodotus）约在公元前450年访问过埃及。他在叙述旅行见闻时谈到埃及人的一个特征，与后来犹太人的显著特色有着惊人的相似之处。他说："他们在所有方面都表现出比其他民族更大的宗教虔诚。他们的许多风俗如割礼使他们显得与众不同。割礼的目的在于清洁，他们比其他民族更先施行；此外，他们极端怕猪，那无疑是因为那种猎物曾经变成一只肮脏的黑猪咬伤过荷鲁斯（Horus）；其次，他们对母牛极其崇敬，从来不把母牛用来食用或当作牺牲贡奉，因为那样会得罪长着牛角的女神伊西丝（Isis）。因此，没有任何埃及人会同希腊人接吻，或使用他们的餐具、厨具，或食用用希腊人的刀子宰杀的尚未交配过的公牛……他们傲慢而狭隘地蔑视其他民族，认为他们是肮脏的、无法接近上帝的。"（引自厄尔曼：《埃及的宗教》第181页）

自然，我们在谈及这点时并未忘记印度人的生活中存在过类似风俗。我们还要顺便提及，在19世纪犹太诗人海涅（Heine）的诗中，为什么要抱怨他的宗教像"那蔓延在尼罗河谷的瘟疫，那些古老埃及人的病态信仰"？——原注

四

行文至此，我预料会遭受责难，因为我在这个构想中把摩西当作生活在埃赫那顿时代的埃及人，并且认为他保护犹太人的决定是由当时埃及的政治状况引起的，还把当时刚在埃及被废除了的阿顿神教当成他传给犹太人或强加给他们的那种宗教。人们会指责我说，我太自以为是地完成了这种臆测式的构想，而在有关材料中找不到充分的依据。但是我认为这种责难是没有道理的，我已经在引言部分强调了质疑的因素，并且在文章开首就提出了疑问。因此，我在行文之中可以省掉反复提及这一点的麻烦。

我的某些批判性观察或许可以继续这场讨论。本文的核心，即犹太一神教依赖于埃及历史上的一神教阶段，已经被好几位研究者猜测和暗示过。这里我无须引证他们的著述，因为他们当中谁也没能说明这种影响到底是怎么产生的。况且，就算如我所述，这种影响是同摩西其人分不开的，我们也必须审视其他的可能性。我们不能假定官方的阿顿神教的倾覆就完全使埃及这种一神教趋势走到了尽头。阿顿神教发源地，安城的祭司学校，逃脱了那场倾覆的灾变，并且还可能吸引了埃赫那顿之后的整整一代人遵循阿顿神教的思想。因此，即使摩西没有生活在埃赫那顿时代，没有在他周围接受过影响，即使他只是安城祭司学校的追随者或成员，他所从事的事业也是可以想象的。这种推测可以推迟那次离开埃及的大迁徙的时期，使它更接近通常假定的时期即公元前13世纪，否则提及这一点就没有什么意义。我们不应该自认为洞悉了摩西的目的，不应该认为当时盛行的无政府状态促成了那次大迁徙。继埃赫那顿之后统治埃及的第十九王朝的国王们都是些铁腕人物，有利于大迁徙的所有内、外部条件都只可能在那位持异端邪说的国王死后那段时期。

犹太人拥有丰富的《圣经》外围文学，其中包含着在漫长的历史岁月中编撰出来的有关他们的第一位领袖、宗教创立者摩西的巨人形象的神话和迷信，那些神话和迷信使摩西的形象显得空洞而模糊，没有载入《摩西五经》(the Pentateuch)的某些可靠传说的片段可能零星地散布在那类材料中。其中的一则传奇文学引人入胜地描述了摩西在童年时就已经表现了他的野心。当法老把他抱起来逗着玩，把他高高举过头顶时，年仅三岁的摩西揭起了法老头上的皇冠，把它戴在自己头上。那位法老被这一不祥之兆震惊了，于是诚惶诚恐地去和他的智者们商量。[31] 那些传奇还讲到摩西作为埃及军队的首领在埃塞俄比亚作战取得了胜利。他之所以逃离埃及，就是因为担心在朝廷的倾轧中引起别人甚至法老本人的嫉妒。《圣经》故事中也赋予了摩西某些使人易于相信的特色。它把摩西描述为一个暴躁易怒的人，当他义愤填膺的时候，他杀掉了虐待犹太劳工的野蛮监工；当他为手下的人变节而愤慨时，他打碎了在西奈山上被给予的法版。确实，上帝最终因为他某种不为我们所知的暴躁行为而亲自惩罚了他。既然这种特色本身并不能给摩西添

---

[31] 这件逸事可以在约瑟夫斯（Josephus）的书中读到，只是略微改动过。——原注

加光彩，它很可能就会是历史的事实。我们甚至不能排除这样的可能性，在犹太人早期关于上帝的概念中，他们之所以认为上帝是善妒、严厉、冷酷无情的，本质上可能是出自他们对摩西其人的记忆，因为事实上并非一个不可见的上帝，而是摩西其人带领他们逃出了埃及。

有关摩西的另一个特征值得我们特别注意。据说他"讲话迟钝"，那就说明他肯定有口吃或口齿不清的问题，以至于在他同法老讨论时，他只好叫他的兄弟亚伦[32]协助。这也许又是一个历史事实，并且可以使这位伟大人物的真实性增色不少。而且，这一传奇可能还具有另一种更为重要的意义，它可能以一种轻微改装的形式，重新提及了一个事实，即摩西在没有翻译帮助时无法同他的闪米特新埃及臣民进行语言交流，他说的是另一种语言，至少在开始阶段情况是这样。由此，摩西是埃及人这一论点又有了一个新颖的证据。

现在看来，这一连串想法似乎已经走到尽头，至少暂时是这样。不论摩西是埃及人这种臆测能否证实，我们暂时还无法推论出更多东西。没有任何史学家能够认定《圣经》中关于摩西和《出埃及记》的内容不是一个虔诚的神话，出于其自身的倾向而将古老的传说改头换面。我们不知道那种古老传说的原始真相，也极欲探究改装那些传说的目的，但是却由于对历史事件茫然无知而无从着手。我们的构想并没有为《圣经》文本中许多宏大场景提供解释，例如十大灾

---

[32] 亚伦（Aaron）:《圣经》中希伯来人的第一个祭司长，摩西的长兄。

祸[33]，穿过红海的通道，西奈山上接受律法的神圣场面等，然而这将不会让我们陷入迷途。但是，我们的构想与当代历史学家们的审慎研究背道而驰，却是不能掉以轻心的事情。

这些当代历史学家以爱德华·迈耶（Eduard Meyer）为代表，在一个决定性的问题上追随着《圣经》记载。[34]他们赞成说，那些后来成为以色列人的犹太部落在某个时期接受了一种新宗教，但是事情并不发生在埃及，也没发生在西奈半岛的某个山脚下，而是在一个叫麦内巴特-夸底斯（Meribat-Qadeš）的地方，位置在阿拉伯半岛西部与西奈半岛东部之间的南巴勒斯坦荒野中的一个绿洲，该地以泉水众多而闻名。犹太人在那里接受了对耶和华神（a god Jahve）的崇拜，很可能是从附近的米甸人（Midianites）阿拉伯部落中接受过来的。那个地区附近的其他部落可能也是耶和华的信徒。

耶和华显然是一个火山神，然而，就我们所知，埃及并没有火山，西奈半岛的山脉中也从没有火山爆发。另一方面，到晚近时期一直都活跃的火山被发现位于阿拉伯半岛的西侧，其中之一肯定是耶和华传说中的住处西奈-霍内布（Sinai-Horeb）[35]。不论《圣经》内容遭受了多少篡改，根据迈耶的说法，我们还是能够重构这位上帝的最初性格：他是一个怪诞且

---

〔33〕十大灾祸：《圣经·出埃及记》记载，耶和华使摩西见法老，要求法老将在埃及的犹太人放行，法老不允。于是耶和华在埃及降下十大灾祸，即血灾、虱灾、蛙灾、蝇灾、畜疫灾、雹灾、蝗灾、灰灾、疮灾、长子灾等，迫使法老就范。
〔34〕爱德华·迈耶：《希伯来人及其邻近部落》（Die lsraeliten und ihre Nachbarstämme，1906）。——原注
〔35〕《圣经》记载中有些章节讲到耶和华从西奈降临到麦内巴特-夸底斯。——原注

嗜血成性的恶魔,他避开白昼的阳光而在黑夜里出没。[36]

在这个新宗教诞生时,犹太人与耶和华之间的中保（mediator）就是摩西。他是米甸祭司叶忒罗（Jethro）的女婿,在放牧羊群的时候受到了上帝耶和华的召唤。叶忒罗在夸底斯会见了摩西,给了他一些教诲。

爱德华·迈耶说,他历来确信犹太人在埃及遭受奴役的故事与埃及人那场异常的突变之间有真实的历史联系[37],但是很明显,他不知道那一已被确认的事实归属何处,有何作用。他只愿意承认割礼风俗是由埃及人而来的;他用两项重要的建议丰富了我们上述的讨论:第一,约书亚（Joshua）叫人们接受割礼,"以便卷走埃及人的责难";第二,据希罗多德所述,腓尼基人（可能就是指的犹太人）和巴勒斯坦的叙利亚人自己曾承认割礼风俗是从埃及学来的。[38]但是,埃及人摩西并没有引起他的兴趣。他说:"我们所知的摩西是夸底斯祭司们的祖先;因此,他与这一宗教有关,他是诞生神话中的一员,而不是一个历史人物。"除了那些把传说统统当成历史真实来接受的人之外,在把摩西当成真实历史人物看待的人中,没有任何人曾经成功地通过描述他的具体人格而在这个空洞形象中充实过任何内容;他们没能告诉我们他在历史上的成就或使命。[39]

---

[36] 爱德华·迈耶:《希伯来人及其邻近部落》第38页和58页。——原注
[37] 同上书,第49页。——原注
[38] 同上书,第449页。——原注
[39] 同上书,第451页。——原注

另一方面，迈耶不厌其烦地告诉我们关于摩西与夸底斯和米甸的关系。"摩西这个形象与米甸和沙漠中的圣地紧密相关……"[40]"摩西这个形象与夸底斯〔玛撒和麦内巴（Massa and Meriba）〕结下了不解之缘；通过婚姻与一个米甸祭司结成的关系更促成了这种联系。另一方面，他与那次大迁徙的联系，以及他青年时代的全部故事，都绝对是次要的，并且只不过是摩西必须符合一个连续相关的故事的结果。"[41]他也观察到摩西青年时代故事里包含的特性后来都被省略了。"摩西在米甸不再是一个埃及人，不再是法老的孙子，而是一个牧羊人，耶和华对他显了圣。在十大灾祸的故事中，虽然他原先的关系很可以被有效地利用，《圣经》里却再也没有提及；杀死以色列男婴的命令也完全给遗忘了。[42]在《出埃及记》中和那些埃及人的毁灭中，摩西没有起任何作用，甚至没有被提到。他的童年故事里的英雄特色在成年摩西身上完全看不到了，他只不过成了上帝的使者、神迹的执行人，他显示的超自然力量都是由耶和华提供的。"[43]

我们无法打消这样的印象，虽然传说中把他刻画为一位制造救命铜蛇[44]的医神，可是这个在夸底斯和米甸的摩西与我

---

[40] 爱德华·迈耶：《希伯来人及其邻近部落》，第49页。——原注
[41] 同上书，第72页。——原注
[42] 《圣经·出埃及记》3：2"摩西的降生"中，只记载了法老的女儿从尼罗河中救起犹太婴儿摩西并将其哺养成人的事，并没有提到法老下令杀死这个婴儿。故此作者指出《圣经》记载与其他有关的摩西传说有矛盾。
[43] 爱德华·迈耶：《希伯来人及其邻近部落》第47页。——原注
[44] 救命铜蛇：《圣经·出埃及记》载，摩西引犹太人出埃及途中，屡遇险，路难行，犹太人怨。于是耶和华使毒蛇乱咬犹太人，又叫摩西制一铜蛇，凡遭蛇咬者一见此铜蛇即活过来，以此平息了犹太人的怨愤。

们所推论出的那个把严禁一切巫术和魔法的宗教带给他的新臣民的威严埃及人还是判若两人。埃及人摩西与米甸人摩西的区别之大,也许不亚于普遍神阿顿与米甸神山上的魔神耶和华之间的区别。如果我们果真相信现代历史学家们提供的资料是真实的,我们就必须承认,我们指望从摩西是埃及人这一推测中引出的线索将再度中断,而且,这次中断看起来没有任何希望再接续起来。

五

然而,柳暗花明又一村。继迈耶之后,格雷斯曼(Gressmann)和其他人继续努力研究摩西,摆脱了夸底斯的祭司一说的局限,并且证实了传说中赋予摩西的声誉。1922年,厄恩斯特·塞林(Ernst Sellin)获得了一个具有决定性意义的发现。[45]他在《何西阿书》(The Prophet Hosea,公元前8世纪后半叶)中找到了一些不容置疑的线索,大意是说犹太教的创立者摩西在他倔强固执的人民的一次反叛中遭受了厄运,他所创立的宗教也同时被抛弃。这一传说不仅出现在《何西阿书》中,在其后大多数的《先知书》中都出现过;按塞林的见解,它确实是后来犹太人期待救世主弥赛亚[46]的根本原因。巴比伦之囚的末期,犹太人中产生了一种希望,希望那被他们无情

---

[45] 厄恩斯特·塞林:《摩西及其对以色列犹太教历史的意义》(Ernst Sellin: Mose und seine Bedeutung für die israelitisch-jüdische Religions-geschichte, 1922)。——原注
[46] 弥赛亚(Messiah):犹太人所期待的救世主,也指基督。

杀害了的摩西从阴间归来，带领他的悔罪的人民——也许还不止他的人民——进入永恒的极乐世界。在目前的探讨过程中，我们并不关注这种希望与那位后来某宗教的奠基人的命运之间的明显联系。

自然，我无法确定塞林是否正确地解释了《何西阿书》中的有关章节。但是如果他是正确的，我们则可以把他所辨析出的传说当作历史上真实可信的事件，因为那种事件不是信手可以杜撰的，也真的不存在这样做的动机。如果那类事件真正发生过，则要想忘掉它们是很容易理解的。我们用不着接受那一传说的所有细节。塞林认为约旦河东岸的希廷（Shittim）是那场暴力发生的地点。然而我们将会看到，这个地点的选择与我们的论据不相一致。

让我们接受塞林的猜测，即认为埃及人摩西是被犹太人所杀，他所创立的宗教也被犹太人抛弃了。这样，我们就能够避免同历史研究中令人信服的结果发生矛盾，推进我们的线索。但是在其他方面我们却要大胆独立于那些历史学家的见解，开辟出自己的道路。脱离埃及的大迁徙仍然是我们讨论问题的出发点。随同摩西离开埃及的犹太人数量肯定极为可观；一小批人不值得雄心勃勃的摩西大动干戈。埃及的犹太移民到那时可能已经居留了相当长的时间，繁衍成了一个人数可观的民族。然而，如果我们和大多数研究者一样，假定在后来成为犹太人的群体中只有一部分曾经在埃及遭受过奴役，当然也不至于有多大的失误。换句话说，从埃及归来的那些部落后来同其他长期散布在埃及与迦南之间的有关部落结合到了一起。这次诞生了以色列人的结合以所有部落都接受一种信仰耶和华的新宗教为标志；据迈耶的见解，这次联合是由于米甸人的影响在夸底斯发生的。自此，以色列民族觉得自身已经强大得足以入侵迦南。可是，这种见解与摩西蒙难以及他的宗教遭抛弃的一系列事件发生在约旦河东岸的说法不相吻合，入侵迦南肯定发生在这次联合很久之前的时间。

可以肯定，在犹太民族的形成过程中，有许多非常不同的因素起了作用，但是其中最重要的一点就在于他们是否曾在埃及居留，其后发生过什么事件。从这个观点出发，我们也许可以说，这个民族是由两种成分组成的。在一段短期的政治联合之后，犹太民族分裂成两部分，即以色列王国（the kingdom of Israel）和犹大王国（the kingdom of Judah）。合久必分，分久必合，历史偏爱这样的轮回。欧洲16世纪的宗教改革为此提供了一个最有说服力的众所周知的例子，经过一千多年的间歇之后，曾经是罗马天主教势力范围的德国与那一直保持独立的部分之间的分裂又暴露出来。对于犹太人，我们无法证实是否又出现过原来那种分裂局面，我们对那些时代的情况不了解，无法推测北部王国是否吸收了原来的定居者，南部王国是否吸收了那些从埃及归来的人；但是，在这种情况下，后来的分裂不可能与早期的联合没有牵连。原来在埃及居住的犹太人数量可能比其他犹太人少，但是他们却表现出具有较高的文化水准，因为他们从埃及带来了一种其他犹太人所没有的传统，他们在犹太民族后来的发展中产生了更为重要的影响。

也许他们还带来了其他东西，某种比上述传统更为具体的东西。犹太人史前时期的最难解之谜是利未人(Levites)的身世。据说他们起源于以色列十二部落之一的利未部落,但是,从来没有任何传说提及该部落最初的定居地,也没有提到该部落在被征服的迦南分到了一席之地。他们虽然占据着最重要的祭司职位,但他们与其他祭司却有区别。利未并不是社会等级的名称,一个利未人并不必然就是一名祭司。我们关于摩西其人的假定可能为此提供一种解释。像摩西那样一个埃及的大人物要只身去接近一个陌生民族的人民而没有护卫是令人无法相信的,他肯定带着他的卫队、侍从、最坚定的拥护者、书记员、仆人等等。这些人就是最初的利未人。传说中一直把摩西当作一个利未人,这看来是对真实状况的明显改装:这些利未人曾是摩西的子民。我在前一篇文章中提到过,在后来的世代中,我们只在利未人的名字中发现了埃及人的姓氏,这一点为上述解释提供了证据。[47] 我们也许可以这样假定,摩西的随从中有相当一部分人逃脱了他和他的宗教所遭受的厄运,在其后的年月中,他们和自己混居于其中的民族融合起来,但是却保持着对主人摩西的忠诚,缅怀着他的业绩,并且铭记着他的教诲。在那个与耶和华的信徒们结合起来的时期,他们形成了一支颇有影响的少数派,在文化水准上远远超过其他的人。

我设想——至此为止仅仅是一种设想——在摩西身败名裂和夸底斯的宗教建立之间的时期,有整整两代人出生和消亡,

---

[47] 这种假设与亚胡大关于埃及人对早期犹太人著作的影响的看法非常一致。见 A.S. 亚胡大:《摩西五经的语言与埃及的联系》(*Die Sprache des Pentateuch in ihren Beziehungen Zum Ägyptischen*, 1929)。——原注

甚至可能过了整整一个世纪。我无法断定,从埃及归来的那些新埃及人——我这样称呼他们以示同其他犹太人的区别——是在什么时候同他们的骨肉兄弟们重逢的,是在夸底斯的犹太人已经接受了信奉耶和华的宗教之前呢,还是在那之后?后一种可能性也许更大一些,但不管情况如何,对于最终结果并无影响。在夸底斯达成的是某种妥协,摩西的部落在其中所占的地位是明显的。

这里我们可以再注意一下关于割礼的风俗,这种"标准化石"(Leitfossil)已经反复起到了重要的作用。这种风俗也成了耶和华宗教中的法律;并且,由于它与埃及纠缠不清的联系,接受这种风俗就标志着对摩西随从们的一种让步。他们——或他们当中的利未人——不会放弃自己视为神圣的标志,他们想尽力挽救自己的古老宗教,甚至不惜代价宁愿承认一个新神,承认米甸祭司们所说的关于这个新神的一切。也许他们还设法取得了其他的特许。我已经提到过,犹太人的仪式在使用他们的神名时有着某种规定,凡说到耶和华处,必须以阿东赖(Adonai)来代替。我们禁不住要把这一戒律作为自己的论据,但这仅仅是一种臆测。禁止呼叫上帝的名字是一种原始禁忌,这是众所周知的。但是为什么恰好在犹太人的戒律中恢复这种禁忌,我们并不十分清楚。我们认为这种恢复是在某种新动机的影响之下发生的,这并非没有道理,我们没有理由假定那种戒律是一直被遵守的。耶和华这个名字被人们自由使用来给人定名,例如在约翰兰(Jochanan)、杰休(Jehu)、乔舒亚(Joshua)等合成名字中。然而,这个名字还是有其独特之处。众所周知,《圣经》注释中承认,《旧约》全书中的前六卷书(the Hexateuch)有两个来源,这两个来源被称为 J 和 E,因为一个用了神名耶和华(Jahve),而另一个用了神名埃洛希恩[48],确实是埃洛希恩而不是阿东赖。不过我们可以在这里引用一位作者的话来说明:"不同的名字是不同来源的神的明显标志。"[49]

我们承认过,严守割礼的风俗证明了夸底斯的新宗教建立时曾经达成过某种妥协,我们从 J 和 E 中都可以了解到该种妥协的目的;这两种原因互相吻合,因此肯定能回溯到一个共同的来源,即一种书面记载或一种口头传说。它们的主导目的在于证明新神耶和华的伟大和力量。既然摩西旧部的人认为他们从埃及逃亡的经历具有那样伟大的重要性,引导他们奔向自由的业绩当然应该归功于耶和华;这项业绩必须装饰得富于特色,以证明这位火山神那举世无双的威严,比如,那根在夜间变成火柱的烟柱,或者那股分开红海海水以便淹死追来的埃及人的风暴[50],等等。由此,逃出埃及和耶和华新宗教建立的时间得以接近并且被关联起来,两件事情之间的长时段间隔被抹煞了。耶和华授予十诫的事据说也不

---

[48] 埃洛希恩(Elohim):希伯来《圣经》用语中指神、上帝。
[49] 雨果·格雷斯曼:《摩西及其时代》第 54 页(Hugo Gressmann: *Mose und seine Zeit*, Göttingen, 1913, p.54)。——原注
[50] 《圣经·出埃及记》15:12 载:摩西带领犹太人逃出埃及途中,红海挡路,摩西举起手杖向海中一指,天空中马上刮起强劲东风,吹开海水,露出海底,形成一条通道,犹太人过后,海水重新合拢,淹没了追来的埃及人。又载:在埃及营地与犹太营地之间,始终隔着一根烟柱,它夜间变为火柱,使埃及人无法接近犹太人。

是发生在夸底斯，而是在圣山脚下，被一处火山爆发的场景所标记。然而，这种描述却严重有悖于对摩西这个人的记忆，因为是他带领他的人民逃出埃及奔向自由，而不是那位火山神。因此，摩西势必应该得到某种补偿，这种补偿的办法就是把摩西置换到夸底斯或者西奈－霍内布山，并且把他放到一个米甸祭司的地位上。我们后面将会认识到这种解决办法如何满足了另一种无法压制的紧迫需要。可以说，这种方法建立了下述这种平衡：耶和华的活动范围被允许从他在米甸的圣山扩大到埃及，而摩西的生活和活动却被转移到了夸底斯和约旦河东岸的国家。这就是他如何变成了另外一个人并把自己的名字摩西借与他的经过——那个人是米甸祭司叶忒罗的女婿，后来建立了一种宗教。然而，我们却一点都不知道这另一个摩西的个人情况，除了《圣经》中关于摩西性格那自相矛盾的描述所提供的线索之外，他完全被第一个摩西即埃及人摩西所掩盖了。他经常被描绘为性格专横、脾气暴躁甚至凶猛暴烈，但是他也被说成是所有男人中最耐心最谦和的人。非常清楚的是，对于那个为他的人民谋划了那样巨大而困难的事业的埃及人摩西来说，上述后一种素质不会起任何作用，也许这样的素质属于另一个摩西，即米甸人摩西。将上述二者区分开来，假设埃及人摩西从没到过米甸，也从没听到过耶和华的名字，而米甸人摩西却从没有涉足过埃及，一点也不知道阿顿，我认为是很有道理的。为了把这两者合而为一，传说和传奇都必须把埃及人摩西带到米甸，我们已经看到，这一点已经有了不止一种解释。

49

六

我已做好准备再次遭受责难,人们指责我以很不恰当而且毫无道理的确信态度提出了关于以色列部落早期历史的构想;我并不觉得这种批评过分严厉,因为我自己也有同感。我自己也知道这种构想有其薄弱环节,但是也有它的有力之处。总的说来,继续沿此构想的有力之处进行探讨更占优势。我们面前的《圣经》记载包含着很有价值——也很无价值——的历史证据。然而,这种记载却被有意施加的影响所改装,也被诗意创造的作品弄得更加复杂了。我们在探讨中已经推测出一种这类改装倾向。这一发现将指引我们的道路;它是一种提示,使我们能由此发现其他类似的改装性影响。如果我们找到理由来辨认出这些影响造成的改装,我们就能看到更为真实的事件进程。

让我们首先借助对《圣经》的批判性研究工作,弄清《圣经》前三卷书是怎样写成的[51],这三卷书指《摩西五经》和《约书亚书》。因为弄清这一点于我们是有意义的。最早的来源据认为是 J,即以耶和华为名称呼上帝的作者(the Jahvistic writer),当代的研究者们认为他们能在三卷书的作者当中鉴别出一个名叫埃布加塔(Ebjartar)的祭司,他是大卫王的同时代人。[52]不久之后——具体时间我们并不清楚——三卷书的

---

[51] 见《大英百科全书》(第 11 版,1910)"圣经"条。——原注
[52] 见奥尔巴赫:《荒野和被颂扬的土地》(Auerbach: *Wüste und Gelobtes Land*, 1932)。——原注

作者成了所谓的 E，即以埃洛希恩为名称呼上帝的作者（the Elohistic writer），他们属于北部王国。[53] 公元前 722 年，北部王国毁灭之后，一个犹太祭司综合了 J 和 E 的部分，并加进了他自己的贡献，他编辑的书被定名为 J E。在第七世纪中，第五部分书即《申命记》（Deuteronomy）被加进。全书整本据说是在耶路撒冷圣殿里被发现的。公元前 586 年，该圣殿被毁。在巴比伦之囚期间和获释重返耶路撒冷期间，整部书经过改写，被称为祭司法典（Priestly Code），在第五世纪又经过一次决定性的校正，此后就一直没做过材料上的变动。[54]

有关大卫王和其时代的历史记载极可能是他的某位同时代人所做的工作。它是"历史之父"希罗多德之前五百年的真实历史。如果人们按照我的假说来假设埃及人的影响，就能开始理解这一成就的意义。人们甚至设想过[55] 早期以色列人，也即摩西的抄写员们对字母的发明做出过贡献。[56] 我们当然无法知道，这些早期的记载到底有多少是以更早期的来源或口头

---

[53] 1753 年，阿斯楚克（Astruc）第一次区分清楚以耶和华为名称呼上帝的人和以埃洛希恩为名称呼上帝的人。——原注
[54] 从历史的角度来看，可以肯定，犹太文字毫无疑问是公元前 5 世纪由以斯拉（Ezra，希伯来僧侣，《以斯拉书》为《旧约》之一卷）和尼希米（Nehemiah，希伯来领袖，《尼希米书》为《旧约》之一书）改变固定下来的结果。其时间因此在巴比伦之囚时期之后，友好的波斯人统治时期之中，依据我们的推算，大约在摩西之后 900 年。经过改变后，那些旨在使上帝的选民神圣化的规则被更严格地遵从，同其他部落的隔离也因禁止通婚而得以实行；摩西律法的定本《摩西五经》被编成；祭司法典的改写工作完成。但是，上述改革看来并未接受任何新倾向，只是继承并加强了原来的内容。——原注
[55] 参见亚胡大前述引文第 142 页。——原注
[56] 如果他们被禁止制作肖像，那么当他们使自己的书写符号适应于一种新语言的表述形式时，甚至会有放弃象形文字的动机。——原注

传说为依据的,在事件与其文字记载形成之间到底经过了多长时间。然而,就我们现在所能发现的而言,这一文本本身足以向我们说明其历史变迁。两种完全相反的力量在那些文字记载上留下了各自的痕迹。一方面,某些特定的改动肯定会出于隐秘的动机而篡改这一文本,删减某些段落,增补某些内容,使其最终成为和原意相反的内容。另一方面,一种宽容的虔诚态度占着统治地位,它急于维持现状而不管记载的细节是否互相吻合或抵触。如此一来,在记载的每一处几乎都可以发现惊人的缺漏、扰人的重复、明显的矛盾以及一些人们绝不会有意传播之事情的痕迹。对于一个文本的改装可以说无异于实施谋杀,其困难之处不在于实施行动而在于痕迹。"改装"(Entstellung/distortion)这个词本身就具有双重含义,虽然今天一般不再这么使用它。它不仅应该意味"改变某事情的表面",而且应该意味使其"发生剧烈变化","移置其内容"。这就是为何在如此之多的文本性改装之中,我们可以找到隐藏在某处的被压抑的和被弃绝的材料,尽管它们已经改头换面,支离破碎,脱离了原本所处的关系。当然,要做到这一点并非易事。

我们想要识破的这类改装倾向肯定在那些传说被记载下来之前就已经对之产生了影响。其中的一种,也许是最严重的一种已经被我们发现。我说过,当夸底斯的新神耶和华被创立的时候,人们必须做些事情来给他增添光彩。更确切地说,他必须被树立起来,为他提供空间,原来宗教的痕迹必须消除干净。那些定居部落似乎成功地做到了这一点,原来的宗教销声匿迹了。对那些从埃及归来的部落来说事情则不那么简单,他们决心捍卫从埃及出走的历史,捍卫摩西这个伟人和割礼风俗。确实,他们曾经身在埃及,但是他们又离开了那个国家,而且从现在起,被埃及影响的每一点痕迹都必须予以否认。于是,摩西被移置到了米甸和夸底斯,和那个建立耶和华宗教的祭司合二为一。由于必须保留割礼这种最容易同埃及发生牵连的风俗,因此尽管存在着种种证据,人们还是尽一切努力来消除这种风俗同埃及的联系。在《出埃及记》中,有一神秘的段落用令人不可思议的风格写道,摩西忽略了施行割礼,上帝对他大发雷霆,他的米甸妻子为了挽救他的生命,匆忙为他做了割礼手术。这一段落只可能被解释为有意和这个重大事实相矛盾。我们很快将会看到为了消除一件不利证据而有意虚构的其他故事。

我们发现,那些记载不遗余力地肯定耶和华不是一个外来神,而是犹太人的旧神,这很难说是一种新的倾向,只不过是上述改装企图的继续。为此目的,有关亚伯拉罕、以撒[57]和雅各[58]等族长的神话被炮制出来。耶和华坚持说他是这些族长们的上帝;但他自己也必须承认,他们并没有在耶和华这个名字之下来崇拜他。[59]

耶和华也没有说他曾经在其他什么名字之下受到崇拜。这一机会被利用来对割礼风俗的埃及来源施予决定性的一击。据说耶和华要求过亚伯拉罕,把割礼立为他和亚伯拉罕的子孙之间关系的标志。然而,这是一个特别笨拙的发明,如果谁想用

---

[57] 以撒(Isaac):《圣经》中希伯来之族长,亚伯拉罕与莎拉之子,雅各之父。
[58] 雅各(Jacob):也称以色列,亚伯拉罕之孙,以撒之次子。希伯来族长。
[59] 使用新名字的种种限制并没有因此变得更容易为人理解,反而更使人产生疑问。——原注

一个标志来使某人有别于其他人,他肯定会选择其他人所不具备的特征,那当然不会是成千上万的人都能显露的东西。一个移居到埃及的以色列人,将不得不把所有埃及人都视为与自己有着同一约定的兄弟,信仰耶和华的兄弟。撰立《圣经》文字的以色列人不可能不知道割礼是埃及人的本地风俗这一事实。爱德华·迈耶所引的《约书亚书》中的有关段落坦率地承认这一点,但是,这一事实却必须不惜一切代价予以否认。

我们不能指望宗教神话会小心翼翼地注意到逻辑联系。要不然以色列人就有理由抗议那位曾经和他们的祖先达成过契约的神的行为。那项契约包含着共同的义务,可是耶和华却在数百年间漠视了他的合伙人,然后才突然想到要对他们的子孙显圣。一个神突然"选定"一个民族,让它作为"他的"人民,使自己成为它的上帝,这种设想更令人惊奇。我相信这在人类宗教史上是绝无仅有的。在其他情况下,一个民族同它的上帝是不可分割的,他们从历史伊始就同属一体。当然,我们有时所说某个民族接受了另一位上帝,但却从未听说过某位上帝选定了某个新的民族。当我们回顾摩西与犹太民族之间的联系时,也许能理解这种唯一的事件。摩西屈尊降驾来到犹太人中间,把他们作为他的臣民;他们就是他的"选民"。[60]

---

[60] 耶和华毫无疑问是一个火山神,埃及的居民没有任何理由去崇拜他。耶和华(Jahve)这个名字的词根与其他神名如朱比特(Jupiter)、朱维斯(Jovis)的词根相同,我当然不是为此而觉得惊奇的第一个人。合成名字约翰兰(Jochanan)部分是由希伯来词耶和华(Jahve)组成的,它同戈弗雷(Godfrey)这一合成名字与其古迦太基同义词汉尼拔(Hannibal)具有相同含义。约翰兰这一合成名字已经成为欧洲基督教国家中最常见的名字之一,其形式有约翰(Johann, John)、琼(Jean)、胡安(Juan)等。意大利人(转下页)

然而，把那些先辈族长带入新的耶和华宗教还有另一个目的。他们曾经居住在迦南；他们的记忆与这个国家的某些区域有联系。他们自身可能就曾是迦南人的英雄或本地神祇。迁徙中的以色列人把他们纳入了自己的早期历史，追忆起他们，人们就可以证明自己诞生和生活在这个国家，就可以否认依附于外来征服者的非难。这不愧是一个聪明的改变：上帝耶和华给予他们的只是他们的祖先曾经拥有的东西。

在《圣经》的后期记载中，避免提及夸底斯的倾向获得了成功，建立耶和华新宗教的地点明确无误地成了西奈－霍内布的圣山，动机并不明显，也许他们不愿回忆起米甸的影响。但是，所有后期的改装，特别是对祭司法典的那些改装都服务于另一目的。现在再也没有必要在某一特别的方面去改变久远的事件，因为那早已经完成了。另一方面，人们竭力把现在的某些法律和惯例确立的时间推回到早期，使摩西律法成为它们照例的依据，由此使它们获得神圣性和约束力。无论这幅过去时

（接上页）把这个名字改为乔万尼（Giovanni），并且把星期四称为 Giovedi。它们由此又暴露了某种同一性，这种同一性也许毫无含义，但也可能意味深长，这里展现出一些虽然没有把握但却具有深远影响的可能性。在历史研究才刚刚开始探索的那些黑暗世纪里，地中海东部盆地周围国家显然是火山活动频繁而剧烈的区域，那注定会对居民们留下最深刻的印象。伊文思（Evans）估计，位于那索斯的米诺斯宫殿（the palace of Minos at Knossos）也是被一次地震毁灭的。因此，在克里特岛（Crete）可能也和爱琴海的其他地区一样，伟大的地球母亲女神曾受到崇拜，由于她无法护卫自己免受更强大力量的攻击，她不得不让位给男性神，而那位火山神就是第一个取代她的男性神。宙斯（Zeus）仍然享有"地球撼动者（earth-shaker）"的称号。在那些蒙昧时代里，母性神几乎毫无疑问地被男性神（最初可能是被她们的儿子）取代。智慧女神雅典娜（Pallas Athene）的命运使人印象特别深刻，她毫无疑问是母性神的地方形式；经过那场宗教革命，她被贬低为一个女儿并被剥夺了母亲，最终，她被作为贞洁的禁忌而永远被禁止成为母亲。——原注

代的图画被窜改得多么面目全非,其程序却仍然包含着某种心理学的理由。它反映出下述事实,即在许多世纪的过程中——在《出埃及记》和以斯拉与尼希米编定的《圣经》之间,大约800年时光过去了——耶和华的宗教经历了一种逆向发展,这种发展在与摩西的原始宗教的融合甚至是实现同一性之中达到高潮。

这就是最本质的结果:犹太人宗教历史的决定性内容。

七

在后世的诗人、祭司和历史学家们着意描绘的犹太人史前史的所有事件中,有一件事情最为突出,也是人们竭尽全力、煞费苦心要去压抑的,这就是伟大的领袖和解放者摩西所遭受的谋杀。这是塞林据《先知书》中的线索所做的猜测,塞林的这种假设不能被斥之为异想天开,它是完全可能的事情。在埃赫那顿的祭司学校里受过训练的摩西使用了和那位国王一样的方法:他发布命令,把他的宗教强加到他的臣民头上。[61]摩西的信条也许比他老师的信条更为坚定;他没有必要同太阳神教保持任何联系,因为安城的祭司学校对于他的外族臣民来说没有任何重要性。摩西遭遇了和埃赫那顿同样的命运,所有开明的专制君主都面临着那种命运。摩西的犹太族臣民同第十八王朝的埃及人一样,无法忍受那样一种高度精神化了的宗教,

---

〔61〕 在那些时代,其他任何形式的影响都几乎不可能。——原注

无法从其中为他们的需要寻求满足。在这两种情况下发生了同样的事情：那些觉得自己受到监管或感到受到了剥夺的人起而反抗，抛弃了强加在自己身上的宗教负担。当温顺的埃及人等待着命运除去他们神圣的法老时，野蛮的闪米特人却把命运操在自己手中，除掉了他们的暴君。[62]

我们也无法从现存的《圣经》中肯定摩西没有遭受那样的结局。"在荒野里漫游"的记载——它可能代表着摩西统治的时代——描述了一系列反抗他权威的严重背叛，由于耶和华的命令，那些背叛被野蛮的责罚镇压下去。我们很容易设想，那些背叛中的某一次走到了《圣经》文本所能承认的另一极端。虽然只是作为一段插曲，《圣经》中还是提到了犹太人对于这一新宗教的背弃。那就是关于那只金牛犊（the golden calf）的故事。故事中巧妙地将毁坏两块法版——这必须象征性地加以理解（＝"他已经违背了律法"）——归咎于摩西本人，归罪于他的暴怒。[63]

后来，那些犹太人后悔谋杀了摩西，并且努力想忘掉那件事。在夸底斯达成联合时的情形肯定是如此。然而，如果人们把逃出埃及的时间安排在离沙漠绿洲中建立宗教的时间更近一

---

[62] 非常值得注意的是，在千年的埃及史中，我们极少听说暴力废除法老或刺杀法老的事。如果把这同亚述的历史做一比较，肯定会令人更加惊奇。当然，其原因可能是埃及历史记录完全是为官方服务的。——原注
[63] 摩西在西奈山上迎受耶和华的十条诫命时，在山下等候的以色列人见摩西久不下山，以为摩西抛弃了他们，于是求亚伦塑神像为他们引路。亚伦用他们的金首饰铸了一只金牛犊，以色列人欣喜若狂，围着金牛犊跳舞，因此忘掉了上帝耶和华。摩西下山来见此情景，勃然大怒，把耶和华写有十条诫命的两块法版扔在山下打碎了。

些,并且让摩西而不是其他的创立者来建立宗教,那么,犹太人不仅会对摩西的主张感到满意,而且也会成功地否认掉他被暴力杀害的痛苦事实。实际上,即使摩西没有过早殒命,他也极不可能参与过夸底斯发生的事件。

这里我们必须尽量澄清这些事件的顺序。我已将从埃及出逃的时间定在第十八王朝覆灭之后(公元前1350年)。实际上它可能发生在其时或者稍后,因为埃及的编年史家把随后在荷伦希布统治下的混乱年月包括在第十八王朝中,荷伦希布结束了第十八王朝,一直统治到公元前1315年。确定这一编年史的后一个证据——也是唯一的证据——是麦伦普塔[64](前1225—前1215)石碑,它颂扬了对以色列人的胜利和以色列人子孙的毁灭。不幸的是,那块石碑的价值值得怀疑,它被当作以色列部落当时已在迦南定居的证据。[65]迈耶正确地从那块石碑得出结论说,麦伦普塔不可能像此前人们所假定的那样,是犹太人出逃时埃及的法老,逃出埃及肯定是在更早的时期。就我看来,要深究出埃及当时的法老是谁毫无益处,那段时期没有法老,因为"出埃及"发生在埃及没有正常统治者的空位期。但是麦伦普塔石碑并没有说清夸底斯联合和接受新宗教的可能时期。所有我们能有把握确定的就是,它们发生在公元前1350年至前1215年之间的某段时间。在这一世纪中,让我们假定逃出埃及的时间挨近公元前1350年,夸底斯发生事件的

---

[64] 麦伦普塔(Merneptah,前1225—前1215):埃及第十九王朝法老,在其所立石碑上刻有他所征服的民族名字,其中第一次提到灭掉以色列民族。

[65] 爱德华·迈耶:《希伯来人及其邻近部落》第222页。——原注

时间离公元前 1215 年不远，那么这两个事件之间相隔的时间就会更长些，回归的部落要从杀害摩西的狂热中清醒过来，摩西的旧部利未人要恢复能在夸底斯的妥协中发挥的影响，这样一段长时期都是必要的。两代人的时间，60 年，可能足够了，但仅仅是足够而已。从麦伦普塔石碑上推知的时间太早了一点，我们也知道，在我们的假设中一环扣着一环，必须承认这种讨论在建构的过程中有其弱点。不幸的是，和犹太人在迦南定居相关的每一件事都非常模糊而且混乱，当然，我们也许可以暂且估计石碑上以色列这个名字并不是指我们正在探究的那些后来才联合进以色列民族的部落。可是，无论如何，从阿马尔那时代（Amarna time）起，哈比鲁（Habiru，即希伯来）这个名字就已是指这个民族了。

　　无论发生在什么时候，不同的部落接受同一种宗教而融合成为一个民族，对于世界历史很可能并不会产生重大的影响。那种新宗教很可能已经被一系列事件卷走，耶和华也本可能会在福楼拜〔66〕所想象的往昔神祇的行列中占据一席之地。至于他的人民，不仅盎格鲁-撒克逊人长久以来追寻的那 10 个部落不见踪影，所有的 12 个部落可能都已经"消失"。〔67〕米甸的摩西将新的人民带到他面前的那个耶和华神，可能并不是一个了不起的存在。作为一个粗暴、狭隘的本地神，他暴烈而嗜血成性，许诺他的追随者们，要给他们"一块流着牛奶与

---

〔66〕福楼拜（Gustave Flaubert，1821—1880）：法国作家。
〔67〕以色列人在所罗门王之后（公元前 10 世纪）曾分裂成南北二国，南方二支派称为犹大王国，北方十支派称为以色列王国。

蜂蜜的土地"（Exodus，iii，8）；他鼓励他们"用剑的锋刃"（Deuteronomy，xiii，15）去除掉这块土地上现在居住着的人。令人惊奇的是，尽管《圣经》记载经过了反复的改写，却仍然有那么多使我们足以认清他天性的内容被允许保存下来。他的宗教是不是真正的一神教，它是否否认其他的神具有上帝的特性，这还值得怀疑。也许，它只要自己的神比其他所有陌生的神更强大就足够了。当事件发生的次序沿着另一个方向发展，与我们根据其开端所具有的期望不同时，就只有一种可能。埃及人摩西给这个民族的部分人带去了关于上帝的另一个更为精神化的概念：这是给全世界以恩典的唯一神，博爱，全能，反对一切仪式与巫术，把人道作为真理和正义之生活的最高目标。不管我们关于阿顿神教的伦理学方面的资料多不完整，埃赫那顿在他的题铭里经常称自己"生活在真理和正义中"〔living in Ma'at（truth，justice）〕[68]，却肯定是富有意义的。可能在一段短时期后，犹太人抛弃了摩西的教诲并且杀害了他，在很长时期内，这并未产生什么影响。摩西的传说本身存留下来了，在长达数世纪的过程中，它的影响仅仅缓慢扩张，逐渐达到了摩西本人所未达到的目标。从夸底斯开始，上帝耶和华就获得了非分的荣誉，摩西为犹太人谋求解放的业绩被记到了他的账上；但是他不得不为这种僭取付出沉重代价。这个被他占据了位置的神的影响力变得比他更强大；在历史发展的终

---

[68] 他的赞美诗不仅强调上帝的普遍性和唯一性，而且抒发了他对所有生物的仁慈的爱；那些赞美诗邀请信徒们去欣赏自然和它的美。参见布雷斯特德：《良心的曙光》。——原注

点，在他的存在之外出现了那久已被遗忘的摩西神。谁也无法怀疑，正是这另外一位神的观念，才使以色列的人民克服了所有的艰难而生存到我们的时代。

我们再也无法确定，在摩西神对耶和华的最后胜利中，利未人到底起了多大的作用。在夸底斯达成妥协的时候，他们曾经为摩西呐喊，他们是摩西的信徒和同胞，对自己的主人仍然记忆犹新。从那以后的数世纪中，利未人已经和犹太民族融为一体，成为祭司阶层；而祭司的主要任务，就是举行和监督典礼仪式，保护神圣的文本，按照自己的目的对之加以改写。但是，难道他们这些祭祀和仪式从本质上说不正是魔法和巫术，就像摩西的古老律令一律拒斥的那些东西一样吗？从这个民族中间，不断地产生出一批批新人，这些人不一定都是摩西旧部传下的子孙，但他们却被这个逐渐在黑暗中发展起来的伟大有力的传说所吸引，就是这些人，这些先知，孜孜不倦地传播着古老的摩西信条：神摈斥祭祀和仪式，他只要求人们信仰他，过一种充满真理和正义的生活。那些先知的努力获得了不朽的成功；他们借以重建古老信仰的那些信条成了犹太教亘古不变的内容。对于犹太民族来说，这足以称得上一种荣誉，即使那种激励首先是来自外界，来自一个伟大的外族人，犹太民族还是一直保持了这样一个传说，养育出了为之献身的人。

如果我没有参考其他人的判断，那么上述论证可能会让我不确定。老练的研究工作者们虽然没有认识到摩西的埃及根源，但他们却以同样的眼光看待摩西在犹太宗教史上的重要性。例如，塞林说："因此，从现在起，我们必须把真正的摩西宗教以及他所宣扬的一个伦理神的信仰想象为事实上是在该民族中拥有一个小集团。我们无法指望从一开始就在官方的崇拜、祭司的宗教和人民的普遍信仰中找到它。所有我们能够指望的就是从他点燃的精神火花中升起的点点星火，他的思想还没有消失，而是一直在静静地影响着信仰和习俗，直到某个时候，在某些特殊事件的影响下，或是由于某些特别醉心于这种信仰的个人的影响下，它的力量又更强烈地爆发出来，在广大的人民中取得了统治地位。就是从这种观点出发，我们必须重视古代犹太人的早期宗教史。如果我们按照历史文献中描述的最初5世纪时迦南的宗教模式来设想摩西宗教，我们就会陷入最严重的方法上的错误。"[69] 沃尔兹（Volz）更清楚地表明了他的见解，他说："摩西天马行空的学说最初几乎没有被人理解而且难于推行，在数个世纪的过程中，它才慢慢地渗入到人民的精神中；最后，它在伟大的先知中寻到了知音，那些先知们继承了这位孤独创业者的学说。"[70]

至此，我的文章应该告一结束。我唯一的目的就是使埃及人摩西的肖像适合于犹太人历史的镜框。现在我可以用最简捷的方式来表述我的结论：犹太民族的历史具有众所周知的二重性（duality）——两个民族融合而为一个民族，这个民族又分裂而为两个王国，依据《圣经》，他们的神有两个名称——我们现在要在这种二重性上加入两项新的二重性：在那两种新宗教的建立中，第一种被第二种取代了，但又重新出现并获得

---

[69] 厄恩斯特·塞林：《摩西及其对以色列犹太教历史的意义》第52页。——原注
[70] 保罗·沃尔兹：《摩西》第64页（Paul Volz: Mose, Tübingen, 1907）。——原注

胜利；该宗教的两个创立者，被称为同一个名字——摩西，而我们又必须把他的个性一分为二。所有这些二重性都是第一种二重性的必然结果：这个民族的一部分人经历了一种可以被恰当地称之为创伤体验（traumatic experience）的阶段，其他的人则没有经历这种体验。此外还有许多东西要讨论、解释和判断，只有如此，我们才能做到充分的历史研究。一种传说的内在实质到底由什么构成？它特殊的力量存在于哪里？某个伟大人物对于世界历史的影响是如何不容否认的？如果我们把那些从物质需要中萌发出来的东西认为是唯一动机，我们会怎样亵渎人类壮丽而多彩多姿的生活？某些思想，特别是宗教思想，从什么源泉获得压抑众多的个人和民族的力量？在犹太人历史这种特殊的案例中来研究所有这些问题将是一个诱人的任务。要在这样一些线索中持续本文的研究，就会和25年前我在《图腾与禁忌》一书中得出的结论联成一体。但是，我很难相信自己还有更进一步的力量了。

第三篇

摩西,他的人民和一神教

引言性说明

1　写于1938年3月之前(维也纳)

怀着一个无牵无挂无所失之人的胆量,我打算再一次打破自己久已下定的决心,用至今还保留在手的这最后一个部分来接续我关于摩西的两篇文章(载《意象》杂志合订本23卷,第一、三册)。在完成上一篇文章时,我曾说过,我完全明白自己的力量不足以胜任这一任务。当然,我指的是伴随年老而来的创造力的衰退[1],但也还有另外一重障碍。我们生活在非常令人瞩目的时代,我们感到震惊地发现,进步与野蛮结成了同盟。苏维埃俄国已经致力于改善至今还受着压迫的成千万人民的生活,当局非常勇敢地取缔了他们的宗教镇痛剂,并且非常明智地允许他们享有相当合理的性自由。但与此同时,当局却使他们服从于最残酷的高压政治并剥夺了他们思想自由的所有可能性。意大利人民受着同样野蛮的统治,正在被灌输着纪

---

[1]　我并不欣赏我同时代人萧伯纳的观点,他说,人如果能活到300岁,无论什么成就都能取得。如果生活条件不发生迅速变化,单纯地延长生命期限不会取得什么成就。——原注

律和责任感。就德国人民的状况而言，我们如释重负地发现，各方面向史前的野蛮状态全面退化的情况，居然并没有影响任何的进步思想。即使如此，各种事态都发展到了如此境地，保守的民主党人已经成为文化进步的保护者；更为奇怪的是，正是天主教会对破坏文化的行径进行了顽强的抵抗，而天主教会至今一直是所有自由思想不共戴天的敌人，它一直顽固地反对让任何向往真理的进步思想来左右这个世界。

我们现在生活在一个教会保护之下的天主教国家，不清楚这种保护还可以维持多久。不过在这一保护尚在持续的时候，我当然就要犹豫是否要去做必然会引发教会敌意的事情。这不是怯懦，而是谨慎；那个新的敌人[2]比这个我们已经学会与其和平相处的宿敌更危险，我将提高警惕，不做符合它利益的任何事情。精神分析的研究在任何情况下都会引起天主教组织的疑虑。我没有坚持说这种怀疑是不恰当的。如果我们的研究使我们得出某种结果，将宗教贬低到人类神经症（neurosis）的地位；如果我们像看待个体病人的神经性强迫症那样来解释宗教的巨大力量，那么可以确信，我们在这个国家将招致这些势力的极大仇恨。我现在并没有什么新内容要说，四分之一世纪之前，我已将所有的东西表达得清清楚楚。但是，所有那些都已被忘却，如果我现在旧话重提，并且用一个典型例子来阐明宗教建立的方式，肯定将会产生某些后果。这可能会使我们从事的精神分析工作遭到禁止。这种野蛮的镇压手段对于天主教

---

〔2〕　指德国国家社会主义。——英译本注

会来说并不陌生；当其他人要诉诸同样的手段时，它甚至会觉得这是对它特权的冒犯。在我漫长的一生中，精神分析已经传播开来，但是它诞生和成长的这座城市，却依然是它最有意义的家园。

我不仅仅是这样想的，更是清楚知道这种外部危险将阻挠我发表关于摩西研究的最后部分。我曾努力去除这一障碍，方法是告诉自己说，我的恐惧来源于我高估了自己的重要性，当局对我要说的关于摩西和一神教起源的话可能是很无所谓的。然而，我不清楚自己的判断是否正确。对我来说，世人更有可能将我看作一个用心险恶并喜欢危言耸听的人，因此我不会发表这篇论文，但是那不会阻碍我撰写它；尤其是两年之前我已写过一遍，因此现在只需修订并把它附在前两篇文章之后即可。它将偷偷地等待，直到时机成熟，它可以安全地见到天日，或者，直到有人产生了与此相同的见解并做出了同样的结论。那时他将会听说："在那些更黑暗的日子里，曾经生活着一个和你有着相同思想的人。"

2 1938 年 6 月（伦敦）

在我写作这篇探讨摩西的论文期间，那些压在我身上的异乎寻常的巨大困难——内心的疑惧和外部的阻碍——是这第三篇也即最后一部分为什么会有两个自相矛盾甚至互相抵触的不同序言的原因。在撰写这两篇序言的短暂期间，我的外部环境发生了急剧的改变。我原来生活在天主教会的保护之下，唯恐发表这篇论文之后会失去那种保护，也害怕在奥地利从事精神分析的医师和学生们会失去工作。其后,德国对我们发动突然袭击,而天主教组织就像《圣经》上所说的那样,只不过是"压伤的芦苇"(a broken reed)。由于确信将会受到迫害——现在不仅因为我的工作,而且因为我的"种族"——我和许多朋友一道,离开了从孩提时代起一直生活到78岁的城市。

我在美丽、自由、慷慨的英国受到了最亲切的欢迎。我这个从压迫中解脱出来的人,作为一个受欢迎的客人居住在这里。我欣幸自己又能按自己的意愿来说话和写作——我几乎要说"思想"了。我现在敢于将这篇论文的最后部分公之于世了。

再也没有外部阻碍了,至少再也没有什么使我惊惶的东西。在我到来后短短几个星期里,我已经收到大批的问候信,朋友们告诉我说,他们在这里看到我觉得非常高兴,陌生的、对我的工作有少许兴趣的人们给我来信,为我在这里找到了自由和安全而感到愉快。除此之外还有另一类信件,常常使我这个外国人不知所措,它们表达了对我灵魂状态的关怀,殷切地为我指引向往基督的道路,并且为我指明以色列未来的方向。这些给我来信的善良的人看来还不太了解我。然而我估计,当我的这一新作以译本的形式为我的新同胞们所了解的时候,我将失去我的来信者,也将失去他们现在对我表示的同情。

内心的困难不会被不同的政治制度和新的定居处改变。在面对我自己的工作时,我仍然难以轻松;我怀念那种本该存在于作者和其工作之间的整体意识和亲密感。这并不意味着我对自己结论的正确性缺乏信心。我在四分之一世纪之前(1912

年）写成《图腾与禁忌》的时候就已经获得了这种确信,并且这种确信自那以后与日俱增。从那时起,我从来没有怀疑过,宗教现象只能在我们所熟知的个体神经官能症(neurotic symptoms)症状的模式中来理解。它们是一种发生在人类原始时期历史中而被我们久已遗忘的事件的再现。由于这种特殊根源,宗教现象获得了其强迫性特征,并且由于它们包含了历史的真理而对人类产生着影响。只有当我自问,我是否已经从犹太一神教这个例子中成功地证明了这一点时,我才开始感到怀疑。以我的批判能力来说,这篇从研究摩西开始的论文似乎难于立论。如果我不能在对有关弃婴的神话的分析诠释中发现论据,不能由此证明塞林关于摩西之死的设想的正确性,这篇论文便无法写成。然而,我还是要写下去。

我将从概括我的第二篇纯粹研究摩西历史的文章开始来撰写这篇论文。在这里我将不对那篇论文的结论做任何批评,因为它们构成了本文心理学讨论的前提,这一讨论既以其为基础,又会持续不断地重返它们。

第一部分

1 历史的前提

以下是激起我们兴趣的那些事件的历史背景。在第十八王朝时期,埃及通过征服,已经成为一个世界帝国。这个新的帝国主义在某些宗教观念的发展中反映出来;这些观念即便没有存在于它的全体人民之中,也存在于它的统治阶层和在智识上活跃的上等阶层中。在安城（赫里阿波利斯）太阳神祭司们的影响下，可能也在来自亚洲的影响的推动下，出现了一个普遍神阿顿的思想；这个神不再局限于一个民族、一个国家。年轻的法老阿蒙霍特普四世——后来改名为埃赫那顿——接掌权柄之后，对发展这样一个神的思想表现出超乎一切的热情。他把阿顿神教抬高到了国教的地位。因此，这个普遍神也就成了**唯一**的上帝；所有有关其他神的说法都成了欺骗和罪恶。他抱着誓不两立的态度，抵制巫术思想的一切诱惑，摒弃了埃及人特别珍视的关于死后生活的幻想；他惊人地预见到后世的科学知识，认为太阳辐射的能量是地球上所有生命的源泉，并且把太阳作为上帝力量的象征来崇拜。他满腔喜悦地赞美上帝创造天地，为他自己生活在真理和正义中而自豪。

在人类历史上，这是一神教宗教的第一次出现，而且也许是最纯正的一次。对它发源的历史条件和心理条件做更深入的了解将具有无可估量的价值。然而，我们应该明白，有关阿顿神教的资料不会有多少流传下来。在埃赫那顿懦弱的继承者们的统治时期，他所创立的一切都已经土崩瓦解。曾经被他镇压的祭司集团现在发泄出了他们的怨恨，阿顿神教被废止了；这个持异端邪说的法老的首都遭到破坏和劫掠。公元前1350年，第十八王朝寿终正寝；经过一段混乱时期之后，荷伦希布将军恢复了秩序并统治到公元前1315年。埃赫那顿的改革看来只不过是一段注定要被遗忘的插曲。

这就是已经建立起来的历史背景，我们的假设由此开始。在埃赫那顿的亲近者中，可能有一个名叫图特摩斯

（Thothmes）的人，就像当时有许多人叫这个名字一样[3]，这个名字本身没有什么关系，但是它的第二部分肯定是"摩西"（-mose）。他身居高位，是阿顿神教的一个忠实信徒，并且，他坚强有力而又充满热情，与他那位优柔寡断的国王恰成对比。对这个人而言，埃赫那顿的死和阿顿神教的倾覆意味着所有希望的破灭。他留在埃及就只有改变信仰或遭受排斥。如果他当时是边境省的总督，他很可能已经和几代人之前就移居进来的某些闪米特人部落建立了联系，他在绝望和孤独的处境中转向了这些外族人，在他们中间寻求补偿。他选择了这些人作为自己的臣民，力图通过他们来实现自己的理想。他由自己最亲信的随从陪同，带着这些人离开了埃及，然后使他们接受了割礼风俗，为他们建立了法律，并且使他们皈依了刚被埃及人抛弃的阿顿神教。也许摩西强加给这些犹太人的规矩比他的主人和老师埃赫那顿的那些规矩还要严厉，但他也可能放弃了埃赫那顿同安城太阳神那坚贞不渝的联系。

我们必须把出埃及的时间确定在公元前1350年之后那段空位期。此后一直到占领迦南那段时期的情况特别模糊。在《圣经》记载留下的——或者毋宁说制造的——这段空白中，当代的历史研究能够鉴别出两项事实。其中之一是由厄恩斯特·塞林发现的。他指出，即便从《圣经》看来，那些犹太人也是固执而无法控制的。他们最终还是造了反，杀死了自己的领袖和法律奠基人摩西，并且像埃及人一样抛弃了强加给他们

---

[3] 例如，在泰尔·埃尔-阿马尔那发现的一家雕刻工场的主人也叫这个名字。——原注

的阿顿神教。第二项事实是由爱德华·迈耶证明的。他认为，这些犹太人从埃及归来之后，同关系最接近的部落联合起来。他们在阿拉伯米甸人的影响之下，在位于巴勒斯坦、西奈半岛和阿拉伯三地之间的绿洲夸底斯接受了一种崇拜火山神耶和华的新宗教，随后就准备征服迦南。

　　这两次之间的时间和出埃及的时间之间的关系很难确定。紧接着的历史事件在法老麦伦普塔的石碑上提到过。麦伦普塔统治到公元前1215年，"以色列"被列在他征服叙利亚和巴勒斯坦时击败的民族之中。如果我们把石碑的时间作为定论，上述事件的时间从出埃及起大约有一个世纪——公元前1350年到公元前1215年。然而，石碑上提到的以色列这个名字也许并非我们现在追寻的那个部落，这样我们就有更长一段时间来听候支配。后面这种犹太人在迦南的定居显然不是一次迅速取胜的征服，它是一串连续的入侵，并且肯定延续了很长一段时期；如果我们抛开麦伦普塔石碑时间的限制，就能更有把握地假定，在夸底斯的联合之前，犹太人在摩西带领下在荒野里度过了30年即一代人的时间[4]，此后至少又过了两代人的时间或者更多一点。[5] 在夸底斯联合与对迦南的入侵之间不需要多长时间。就如我在上一篇论文中阐明的那样，犹太人的传说很有理由缩短出埃及和夸底斯宗教建立之间的时间；但我们的论据则使我们倾向于相信情况正好相反。

---

〔4〕 这和《圣经》上说的在荒野里漫游了40年相符。——原注
〔5〕 因此摩西的时期大约在公元前1350年至前1320年或前1310年之间，夸底斯的联合在前1320年或以后，麦伦普塔石碑在前1215年之前。——原注

至此为止，我们已经考察了这个故事外部各方面的情况，以填补我们在历史知识上的缺陷——部分也是在复述我的第二篇文章。我们的兴趣在于探究显然被犹太人的反叛推上了绝路的摩西和他的教义的命运。依据《旧约》前几卷作者记载的情况——这些记载大约写于公元前1000年，毫无疑问是建立在更早期的材料之上——我们已经了解到犹太部落的联合和夸底斯宗教建立代表着一种折中，达成妥协的两方仍然很容易被辨认出来。其中一方力图否认上帝耶和华是新引进的外来神，竭力要求人们为他献身。另一方则不愿忘记逃出埃及获得自由的珍贵记忆和领袖摩西的伟大形象；并且，这一方确实在这一代表犹太人早期历史的联合中为逃出埃及的事迹争得了一席之地，至少，他们保持住了摩西宗教的外部标志——割礼，并且坚持对使用新神名进行了种种限制。我已经说过，坚持提出这些要求的人是摩西旧部的后代，这些利未人离摩西同时代人和同胞生活的年代只有几代人的时间，他们对摩西的传说还记忆犹新。耶和华的信徒们和他们后来的竞争者埃洛希恩的信徒们精心编写的诗一般的记载就像种种墓碑，那些早期事件的真实情况、有关摩西宗教的实质以及这位伟人的暴毙等逐渐被后世遗忘的真实情况将永远被压在这些墓碑之下。如果我们对这些事件的过程推测得不错，它们就不会再显得神秘；然而，这很可能是犹太人历史中摩西故事的明确结局。

值得注意的是后来的情况并非如此，那段经历最重要的影响很久之后竟然又重新出现，在许多世纪之后又逐渐顽强地表现出来。耶和华在性格方面与相邻民族和部落的神似乎并无多大不同；他和其他的神搏斗，就像那些部落之间互相争斗一样。我们也许可以假定，当时的耶和华崇拜者从来没有想过要怀疑迦南、莫阿布（Moab）、阿马利克（Amalek）等地的神的存在，就好像不会怀疑信仰这些神的民族的存在一样。埃赫那顿时代兴起的一神教思想重又销声匿迹，注定要在黑暗中等待漫长的时间。在靠近尼罗河第一瀑布的埃勒芬廷勒（Elephantine）岛的发现令人惊讶，许多世纪之前定居在那里的犹太人除了崇拜他们的主神耶和华（Jahu）之外，还崇拜两个女性神，其中之一名叫安拉特－耶和华（Anat-Jahu）。当然，这些犹太人同祖国隔绝，没有经历同样的宗教发展阶段；那里的波斯统治者（在公元前5世纪）把耶路撒冷（Jerusalem）的新仪式规矩传授给了他们。[6] 回顾更早的时期，我们可以肯定地说，耶和华肯定不像摩西神。阿顿神像他在凡间的代理人——或者毋宁说他的样板——一样，是一个和平主义者；当他的祖辈赢来的帝国分崩离析的时候，这位法老只是袖手旁观。对于准备以武力去征服新土地的民族来说，耶和华当然更合适。并且，摩西神教所珍视的荣誉是超出一个原始民族的理解力的。

我已经提到过犹太人宗教发展的核心事实，并且获得了其他人的支持。这种核心事实如下：随着时间的推移，耶和华失去了他自己的性格而变得越来越像摩西的古老上帝阿顿。当然，不同之处仍然存在，而且乍一看去似乎显得很重要，但是这些不同之处是很容易解释的。阿顿在埃及处于安定幸福的时

---

[6] 奥尔巴赫：《荒野和被颂扬的土地》第二卷（Auerbach: *Wüste und gelobtes Land*, Bd. II, 1936）。——原注

期开始他的统治；就是在帝国的根基开始动摇的时候，他的信徒们仍然能够不问世事，继续赞美和欣赏他创造的世界。对于犹太人，命运却施加了一连串的磨难和痛苦，因此，他们的上帝就变得严厉、酷虐，而且似乎总是郁郁寡欢。他保留了统治所有土地和民族的普遍神特性；然而，他在附加的教义中说，犹太人是他的选民，他们的特殊义务最终将得到特殊报偿。我们由此可以发现，对他的崇拜是由埃及人传播给犹太人的。饱尝了悲惨遭遇的犹太人恐怕并不容易相信有个全能的上帝特别喜欢他们。但是他们没有让疑惑困扰自己，而是加深了他们自己的罪恶感来压制内心的疑惑。也许，他们最终把这种疑惑归于"上帝深不可测的意志"，就像当今笃信宗教的人所做的一样。唯一使他们感到困惑的是，上帝竟然容许亚述人、巴比伦人、波斯人那些新的暴君来统治和虐待他的选民，但是，那些残酷的敌人都一一被击败，敌人所建立的帝国也被摧毁，这又使他们认识到了他的力量。

犹太人后期的上帝在三个重要点上与古老的摩西神是相同的。第一，也是决定性的一点就是他真正被认为是唯一的神，除他之外其他任何神都是无法想象的。埃赫那顿的一神教被整个民族严格地遵从；确实，这个民族紧紧抱定那一宗教，使之成为他们理智生活的主要内容，并且使之代替了其他所有兴趣。这一宗教中占支配地位的人民和祭司阶层对上述这点是意见一致的；但是，祭司们在限制人们崇拜上帝的仪式的内容时，却发现自己与人民中的某些强烈倾向格格不入，人民努力要复活摩西关于上帝的其他两项教义。先知们不遗余力地宣称,上帝鄙视仪式和牺牲,除了要求人们信仰他,并在真理和正义中生活之外,他别无他求。当他们在沙漠中赞美自己简洁而神圣的生活时,他们肯定是在摩西理想的影响之下。

现在,我们应该提出下列问题了。我们是否有必要认为,犹太人最终形成关于他们的上帝的观念是由于摩西的影响,在一种文化生活中,假定一种绵延数个世纪、向更高精神层面的自发发展是否足够充分?对于这种将会结束我们所有猜测的可能解释,我要做下述两点评论。首先,它并未解释任何事情。同样的条件并没有把显然更富天才的希腊人引向一神教,而是导致了多神宗教的开端和哲学思想的萌芽。就我们所知,一神教在埃及是作为帝国主义的附属效果发展起来的。上帝是独裁统治着一个庞大的世界性帝国的法老的影像。对于犹太人来说,要将一个排他性的民族神观念改变为统治世界的普遍神观念,当时的政治条件是极其不利的。既然如此,这个弱小的民族为何有胆识认定自己是至高无上的主的宠儿呢?因此,我们无法回答犹太人中一神教从何而来的问题,否则,我们就只能满足于现在流行的答案,即认为一神教是犹太人特殊宗教天才的表现。我们清楚,这种天才说是令人无法理喻而且无法自圆其说的。因此,除非其他解决办法都不能奏效,我们不宜把它当作一种解答。[7]

此外还有一个事实,犹太人的记载和历史中强调,只有一个上帝的观念是由摩西给予犹太民族的,这一次他们没有出现

---

[7] 这一想法对于斯特拉特福的威廉·莎士比亚的显著例子同样适用。——原注

自相矛盾的情况，如果我们对这种说法的可信性还有异议，那就是由于犹太祭司们在改写《圣经》文字的过程中把太多东西归功于摩西了。一些毫无疑问属于后代的法规和仪式规矩统统被宣称为摩西律法，其目的明显是为了增加它们的权威性。这当然是引起质疑的一个原因，但我们还很难利用这一点，因为这种夸张手法更深一层的目的是一目了然的。犹太祭司们在他们所做的记述中意图在自己的时代和摩西的时代之间建立一种连续性。他们竭力否认我们已经辨认出来的犹太宗教历史上最突出的特色，也就是说，否认在摩西建立的法律和后期犹太教之间存在着一条鸿沟，这条鸿沟最初被对耶和华的崇拜填平，后来才慢慢被掩盖了。他们的表述千方百计要否认这一事件发生的顺序，尽管其历史正确性是不容置疑的，然而这是因为经过了对于《圣经》文本的精心处理，他们保有重组的证据来支持这一点。这些祭司的目的类似于那种要把这个新上帝耶和华变成他们先祖的上帝的倾向。如果我们把祭司法典（Priestly Code）的这一目的纳入考虑，那么我们就几乎可以肯定，确实是摩西把一神教思想传给了犹太人。由于我们能够说出摩西的一神教思想的来源，我们更容易同意这种说法，而犹太教祭司们当然会忘记这一点。

这里有人或许会问，我们推论出犹太一神教来源于埃及人之后到底能获得什么。这一问题因此只能被推后一步，因为我们对犹太一神教的根源了解得还不多。问题的实质并不在于获取，而在于研究。在阐明了真实的历史过程之后，我们也许将了解到某些东西。

2 潜伏期和传说

因此,我相信,一个**唯一**神的思想,以及以这个神的名义强调的伦理需要和对所有巫术仪式的排斥,都是摩西律法的信条。这些信条在开始时无人关注,但经过了一段漫长的时期之后奠定了自己的地位,并且最终盛行起来。我们怎样才能解释这种被延迟的效果呢?我们能在什么地方遇到这种相同的现象呢?

进一步的思考使我们明白,我们经常在其他非常不同的领域里遇到这些现象,并且,这些现象可能以各种更容易理解的方式出现。我们姑且以任意一种新科学理论的命运为例来说明这一点。例如达尔文的进化论观点。最初,它遭到了敌视和反对,在数十年间引起了激烈的争论;然而,仅仅一代人之后,人们就认识到了它是走向真理的伟大的一步,达尔文本人也获得了被安葬在威斯敏斯特教堂墓地的荣誉。这种情况不难被人理解。新的真理引起了人们感情上的抗拒状态,反对它的种种论点则加强了这种抗拒状态。这个新的真理出现时就存在支持派和反对派,他们的意见分歧持续了一段时间,但是支持派的数量和重要性都稳步增加,最后终于占据优势。在整个争论期间,谁都没有忘记争论的焦点所在。我们不难发现,整个争论过程经历了相当长的时间;这里我们同群体心理学的表现发生了联系,这可能不会使我们感到愉快。在个体的灵魂生活中要发现与此完全相似的东西并不困难。在个体情况下,一个人会听到某种新东西,在某些证据的基础上,人们要求他将这种新东西当成真理来接受。然而它却与他的愿望相违背,而且会危及他高度珍视的某些信念。他因此会犹豫，寻找论据来质疑新的东西，并且还要斗争一阵才会最终接受它。他会认识到："虽然我发现非常难于接受它，而且要相信它也使人痛苦，但这到底是真实的。"我们由此过程了解到的一切，就是我（Ich/ego）的智识活动需要时间来克服由于强烈感情引起的种种异议。然而，这种情况与我们现在试图阐明的情况不尽相同。

我们举的下一个例子看来与现在的问题更少相似之处。也许会有这样的情况：在火车相撞的事故中，有人虽然受了惊吓，但他在离开事故地点时明显没有受伤，可是几个星期之后，他却产生了一系列严重的精神和运动方面的症状。这些症状只能归咎于火车失事时他所受的惊吓等情况，他已经患了"创伤性神经症"（traumatic neurosis）。这显得相当不可思议，因此也是一个新奇的事实。在该事故和他的症状首次出现之间的那段时间称为"潜伏期"（incubation period），它是对传染性疾病病理学的一种直接借用。尽管创伤性神经症和犹太一神教这两种情况根本不同，我们还是观察到两者之间有一个共通之处，那就是人们可能称之为"潜伏期"（latency）的这种特性。我们很有理由设想，在革除了摩西宗教之后，犹太宗教史上存在过一段长时期，其间没有一神教思想的痕迹，没有对仪式的谴责，也没有对伦理方面的强调。因此，我们有可能在一个特殊的心理学情境中来寻求上述问题的答案。

我不止一次追溯过夸底斯的事件，当时，合并成后期犹太民族的两个组成部分接受了一种新的宗教而联合起来。曾经在埃及生活的那部分人仍然保持着从埃及出走的记忆和对摩西的怀念，他们坚持要在保留自己早期历史价值的基础上联合。在这部分人中，有些人的祖父辈也许和摩西熟识，他们中的一些人仍然觉得自己是埃及人，仍然使用埃及名字。然而，他们很有理由来"压抑"（repressing）有关自己的领袖和立法者摩西所受厄运的记忆。对另一部分的人来说，联合的主导目的则是荣耀这个新神并否认其外来特征。这两个部分都要否认曾经有过一种更早的宗教，尤其要否认它所包含的内容。这就是达成第一次妥协的过程，可能很快就用书面形式编成了法典；从埃及来的犹太人带来了书写的艺术和对于书写历史的爱好。然而，在历史学家们发展出记载客观事实的理想之前，已经过去了很长的时间。最初，他们只是依据自己的需要和当时的倾向随心所欲地修改自己耳闻目睹的材料，好像他们还没懂得篡改内容到底意味着什么似的。结果就是，在同一主题事物的书面记载形式和口头传说——也即传统——之间开始出现不一致之处，在书面形式中被删除或改变了的东西会很完整地保留在传统中。传说是文字历史的补充形式，同时又是它的对立面；它较少受到改装的影响，部分可能完全不受其影响，因此比文字记载的历史更真实。但是，和写作的文本比较起来，其可信度的削弱主要是由于模糊不清和更不固定，在世代之间的口头相传过程中，会产生许多变化和更改。这种传说可能有不同的结果，最大的可能则是被文字历史侵袭、取代，变得越来越模糊而最终被人遗忘。另一种可能则是这种传说本身最终成了文字记载。此外还有些其他可能性，我将在后面提到。

犹太宗教史上的潜伏期现象也许可以做如下解释：所谓正

统的文字记载历史有意要压制的事实在现实中从来没有消失，而是一直潜伏在犹太民族的传说中。依据厄恩斯特·塞林的意见，就是有关摩西的死，也存在过一种与正统记载完全相反的传说，那种传说更接近当时的事实。我们可以估计，就像摩西的同时代人不接受摩西以及摩西神教的信条一样，当时已经明显走向末路的其他宗教信仰也出现了上述的情形。

这里我们看到一个明显的事实，在数世纪的过程中，这类传说不仅没有衰弱，反而变得越来越有力量，乃至于被编进官方记载的法典文书，并且最终证明了它们有力量左右整个民族的思想和行动。然而，造成这种发展变化的条件却是非常不明显的。

这一事实确实是奇怪的，以至于我们觉得应该重新对它进行探讨。我们的问题就存在于其中。犹太人已经抛弃了摩西传给他们的阿顿教，并且转而崇拜另一个新神，这个新神与那些邻近部落的邪神（Baalim）没有什么区别。后来所有力图对此进行改装的努力都没能掩盖这一丢脸的事实。摩西的宗教并没有无踪无影地消失，一种对它的记忆，一种也许被混淆和改装了的传统存留下来了。而正是这种关于过去伟大年代的传说继续在暗中起着作用，它慢慢地在人民头脑中产生越来越大的影响，最终成功地把耶和华变成了摩西神，并且成功地复活了摩西在许多世纪之前创立而后来被抛弃的宗教。一种潜伏的传说竟然能对一个民族的精神生活产生如此巨大的影响，这确实使我们感到吃惊。这里我们发现自己进入了群体心理学的领域，我们对这一领域并不太通晓，只有寻找可以类推的领域，寻找具有类似性质的事实,哪怕是在其他领域之中也可以。我相信能够做到这一点。

正值摩西宗教重新复活的年代,希腊人拥有关于英雄的特别丰富的神话和传说。人们相信,在公元前8世纪或前9世纪诞生的荷马史诗就是从那些神话传说中获取材料的。就我们今天的心理学知识而言,我们应该早在谢里曼[8]和伊文思[9]之前就能提出下述问题:古希腊人究竟从哪里获得的那些神话和传说的材料?荷马和雅典的剧作家们就是依据它们写成了不朽的艺术杰作。这个问题的答案应该是这样:这个民族在早期历史上可能有过一段对外扩张的灿烂时期和高度发达的文化,而后来因为历史性的灾祸走向了末路,通过这些传奇流传下来一些微弱的传统。我们今天的考古学研究已经证实了这种设想,这种设想如果提出得早一些,肯定会被认为荒诞不经。现在已经发现了壮丽的米诺斯[10]-迈锡尼文化[11](Minoan-Mycenaean culture)存在过的证据,它在公元

---

[8] 谢里曼(Schliemann):德国考古学家。
[9] 伊文思(Evans):英国考古学家。
[10] 米诺斯文化(Minoan culture):也称克里特文化。米诺斯王所建的"诺萨斯王宫"为其主要遗址〔传说戴达鲁斯神(Daidalos)为米诺斯王所建〕。此宫千门百室,曲折相通,古希腊神话中称为迷宫,20世纪初由英国考古学家伊文思发现,为一结构复杂的三层建筑物,宫室华丽,壁上有宴乐和贵妇等彩图。当时已使用线形文字(甲种),表明公元前2000年代中叶这里曾出现阶级社会和高度发展的青铜器文化。
[11] 迈锡尼文化(Mycenaean culture):迈锡尼(Mycenae)为伯罗奔尼撒半岛东北部的古城,约出现于公元前3000年代中叶,后成为爱琴文化的中心之一。约公元前12到前11世纪被毁。荷马史诗《伊利亚特》中的阿伽门农(Agamemnon)即迈锡尼之王。1876年至1877年德国考古学家谢里曼发掘该城,获大批古物和金银器具。迈锡尼及其附近太林斯(Tiryns)等地的遗迹和遗物,通称"迈锡尼文化"。

前1250年就已在希腊本土走到末路,后来的希腊历史学家们几乎从来没有提到过它。历史上只有过一些传说,说克里特人(Cretans)有段时期曾经统治过海洋,传说中也提到过米诺斯国王和他的宫殿以及他的迷宫的故事,但是仅此而已。那一伟大时代此外没有任何东西留存下来,只有一些被伟大的作家们所抓住的传统。

其他民族也有这类民间史诗,例如印度人、荷兰人和德国人。至于他们的传说是否存在过与希腊人相同的背景,那是有待文学史家们探讨的问题。我认为这类探讨将会产生积极的结果。我们所提及的这些民间史诗的起源条件如下:早期历史上存在过的某段时期随后被人们认为是重要而壮丽的多事之秋,并且总是充满了英雄业绩;然而,由于它存在的年代那么久远,流传给后世的只是一些模糊而零碎的传说。足以使我们惊奇的是,史诗作为一种艺术形式在后来的年代中居然消失不见了,这也许是因为已经不再存在那类史诗所赖以产生的条件了。古老的材料已经被使用殆尽,而就后世的事件而言,历史学又取代了传说的位置。我们当今最勇敢的英雄业绩已经无法再激发出史诗;就连亚历山大大帝[12]本人也有理由抱怨,他没有荷马之类的诗人来颂扬他的生平。

遥远的年代对于人们的想象力具有极大的,有时是神秘的吸引力。由于人类常常不满于他的现在,他总是追溯自己

---

[12] 亚历山大大帝(Alexander the Great,前356—前323):马其顿国王(前336—前323),腓力二世之子。其帝国东起印度河,西至尼罗河与巴尔干半岛。

的过去，希望最终赢得那从未被忘怀的黄金时代的梦想。[13]也许人类仍然停留在他童年的神奇符咒之下，某种偏执的记忆使他把这种童年的神奇时期当成了真正的极乐时代。我们称之为传说的那些零碎而模糊的记忆对于艺术家来说不啻是一种伟大的原动力，因为他可以听任自己的想象力来自由地填补那些传说，并按照自己的目的来勾画他要重现的时代的肖像。我们几乎可以这样说，古老的传说内容越模糊，对取材于它的诗人就越有利。因此，那些传说对于诗歌的意义不会令我们感到惊奇，而我们通过类推所发现的史诗对于特定条件的依赖，将使我们更倾向于接受下述奇特的设想：对于犹太人来说，正是有关摩西的传说把对耶和华的崇拜转变成了对古老的摩西宗教的信仰。然而，这两种情况在其他方面是很不相同的。在第一种情况下，其结果是诗歌；而在第二种情况下，结果却是一种宗教。并且，我们已经假定，在某种传说的刺激下，后一种情况是在一种忠诚的信仰之下重新产生的，史诗并无可以与其相提并论的动力。因此，我们仍然需要寻求更好的类推方法，才能解决面临的问题。

3 类推

对于我们在犹太宗教史中已经认识到的这个不同寻常的过

---

[13] 这种情境形成了麦考莱《古罗马歌曲》一书的基础，他假设自己扮演了一个吟游诗人的角色，对他所处的时代各派政治力量之间的激烈争斗深感失望，并把这些政治力量与其祖先的团结和爱国主义进行比较。——原注

　　麦考莱（Thomas Babington Macaulay，1800—1859）：英国史学家，自由党人，历任下院议员、东印度公司官员、陆军大臣。著有代表当时辉格党观点的《詹姆士二世登极后的英国史》《古罗马歌曲》等。他长于文章辞藻，但不严格根据史实，被称为辉格派史学家。

程而言，唯一真正令人满意的类推只能在一个与我们的问题明显相去甚远的领域中发现，但是它非常完整，而且与我们的问题非常一致。这里我们又发现了潜伏期的现象，一种需要得到解释的费解现象的出现，以及一种早期经验在随后被遗忘的严格条件。同样，这里我们还要谈到强迫性的特征，它压制着逻辑思维活动，强烈地参与了精神生活；它是一种与史诗诞生过程无关的特征。

这种类似之处可以在精神病理学（psychopathology）中遇到，也可以在人类神经症的产生过程中遇到；也就是说，在属于个体心理学的领域中遇到。而宗教现象当然必须被看成是群体心理学的一个部分。我们将会看到，这种类似之处，并不像乍一看去那样令人惊奇，其实，它更像是一条基本原理。

我们在幼年经验过而又遗忘的那些印象被称为创伤（traumata），我曾认为创伤在神经症的病因学上具有重大意义。至于神经症的病因学从整体上说是否应该被认为是创伤性的，仍然是一个公认的疑问，其中最明确的反对意见认为，在神经症患者的幼年期，创伤并不经常是明显可见的。我们通常会满足于认为，对于那些适用于所有个体的经验和要求，不过是存在着一种不正常的反应；而许多人是用我们称之为正常的方式来对待这些经验和需要的，当我们无法找到遗传的和体质的倾向之外的其他解释时，我们自然就只好认为，该个体的神经症不是突然之间产生的，而是慢慢发展得来的。

然而，这种联系中有两个突出之点。其一是神经症的发生总是要追溯到童年期的早期印象上去。[14]其二,由于我们精选出来的某些"创伤性"病例的效果毫无疑问要回溯到幼年期的一种或多种强烈印象上去,我们可以肯定存在创伤性神经症的看法显然是正确的。由于这些印象通常没有得到处理,人们因此容易认为,如果这样那样的问题没有发生,就不会产生神经症。即使只把现在讨论中的类推方法限制在这些创伤性病例的范围内,我们也足以达到自己的目的。这两种群体之间的界限看来并非不可逾越,要将病因学的这两种条件结合进一种概念是完全可能的,它完全取决于我们定义为创伤性的东西是什么。如果我们假定某种经验只是由于数量因素而获得它的创伤性特征——也就是说,如果某种经验引发了异常的病理学反应,那么产生这一经验的,是一种过度的要求——那么我们可以得出结论说,对于某种体质而言,某件事情造成了创伤,而对于另一种体质而言,这件事情却没有造成创伤。我们因此得到一种按比例增减的概念,称之为"互补系"(complemental series);两种因素会聚构成病因,一种因素的减少被另一种因素的增加所补偿。总的说来,这两种因素在一起活动,只有在这个系列的两端,我们才能说它们存在着一种单纯的动机。由于这种推理的缘故,我们就可以不考虑创伤性与非创伤性病因学之间的区别,因为它对于我们的类推来说是无关紧要的。

尽管有着某些重复的危险,我们仍然有必要把涉及上述重

---

[14] 这就说明,如果这些幼年阶段的生活被排除在人们探讨的范围之外,而人们却又坚持说运用了精神分析学,那就可以说是荒谬的。然而人们在许多地方提出了这种主张。——原注

要类推的有关事实集中到一起。这些事实如下：我们的研究已经表明，神经症的现象或症状是某些经验和印象的结果。由于这种非常原因，我们把这些结果看作是病因学的创伤。现在在我们面前有两个任务，首先是去发现这些经验的共同特征；其次是发现这些神经症症状的共同特征，尽管只能通过一种多少有些粗糙的方式。

（1）（a）所有这些创伤都属于童年早期，这一阶段大约划至五岁。我们发现孩子开始说话这一段时期的印象是特别有趣的。二至四岁阶段最为重要。我们无法有把握地判明，孩子在出生之后对创伤的敏感性到底是何时开始的。

（b）我们上述讨论中那类经验通常是被完全遗忘或不能进入记忆的。它们属于婴儿记忆缺失（infantile amnesia）阶段，这一阶段常常被孤立的片断记忆即所谓"屏蔽记忆"（screen-memories）所干扰。

（c）它们与性欲的和攻击本性的印象有关，无疑也和早期对我的伤害有关（对自恋的伤害）。我们应该补充说明，幼年期的孩子还不能像后来那样清楚地区分性欲的和纯攻击性行为之间的区别（对性行为的"性虐狂"误解属于这种情况）。非常明显，这种性欲因素应该占据主导地位，而我们的理论必须把这一点纳入考虑。

上述这三点——五岁阶段内发生的事情、遗忘、性欲和攻击性的特征——紧密相连。这些创伤是身体的经验或感觉，特别是指那些听到或看到过的事情；也就是说，它们既是经验也是印象，这三点之间的联系是通过分析工作从理论上建立起来的，单凭这一点我们就能够了解那些已被遗忘的经验，或者，更确切地说（虽然也许更不正确），就能够将那些已被遗忘的经验带回到记忆之中。这种理论指出，与普遍的意见相反，人类的性生活——或后来与之相适应的东西——表明，人在幼年时有一段性繁荣期，大约在五岁时结束。随后就出现所谓潜伏期。潜伏期一直延续到青春期，其间性欲没有进一步的发展，原来获得的东西反而经历了一种倒退（retrogression）。对内生殖器发育的解剖学研究已经证实了这种理论；它表明人类是由一种五年内即达性成熟的动物起源的。它也使人们猜测，人类性生活的推迟以及再度开始与动物向人类进化的过程有很大关系。人类似乎是具有潜伏期和延迟性欲的唯一动物。对灵长类动物进行研究也许能对这种理论提供一种价值无法衡量的检验，就我所知，这类研究还没有进行过。婴儿期记忆缺失与性欲的这种早期繁荣的一致从心理学上说肯定是重要的。也许这种事态是神经症存在的一个必要条件，而神经症似乎是人类的一项特权；就此而论，神经症就像我们身体的某些部分一样，似乎是原始时期遗留下来的一种残存物。

（2）所有神经症的共同特征是什么？这里我们可以注意两个重要之点。（a）创伤的作用具有积极的和消极的两个方面，其积极作用是复活创伤，回忆被遗忘的经验，或者更好的是，使它成为真实，再经历一次它的复现；如果这种被遗忘的经验是一种早期的情感联系，它就会在与另一个人的类似联系中被复活过来。这些努力统称为"创伤固着"（fixation to the trauma）和"强迫性重复"（repetition-compulsion）。其后果可以被合并进所谓正常我（normal Ego），并且，即使这些作用的真实原因以及历史根源已被遗忘，它们仍然以持续趋向的形式给这个我增添历久不变的性格特征。因此，如果一个男人在过度的"母亲固恋"（mother-fixation）中度过了他的童年，他也许会终生寻求一个可以依赖的女人，受她供养和照顾。一个在小时候被诱奸过的姑娘也许会习惯于在今后的性生活中一次又一次挑逗起他人对自己施行这种性攻击。因此，我们可以看出，对神经症问题的了解通常能够使我们洞悉性格形成（character-formation）的奥秘。

创伤的消极作用追寻着相反的目标，在其中，有关已被遗忘的创伤的任何事情都不再被回忆或重复。它们也许被集中起来成为防御性反应（defensive reactions）。它们表明自己在避免争端，这种趋向最终可能形成一种禁制（inhibition）或恐惧症（phobia）。这些消极反应同样对性格形成起着不可低估的作用。准确地说，它们代表的创伤固着（fixation）不亚于积极反应所代表的，只不过是沿着相反的趋向而已。严格意义上的神经症症状是一种妥协，由上述创伤的两方面作用共同促成；两者不时交替占据支配地位。这些对立的作用导致了神经症患者通常无法解决的冲突。

（b）第二个重要之点在于，所有这些现象、症状、对我的限制和性格中持续的变化都显示出强迫性的特征；也就是说，它们具有巨大的心理强度，它们表现出心理过程的一种深远的独立性，这些心理过程已经适应了现实世界的要求并遵循着逻辑思维的规律。它们不受外部现实的影响，或者在正常情况下不受外部现实的影响；它们不注意真实的事物，或者不注意这些事物的心理等同物，因此它们能够轻易地对两者当中的任何一者形成积极的对抗。它们是国中之国，是令人难以进入的党派，对于公共利益毫无作用；然而它们能够成功地克制另外一方，即克制所谓的正常成分并使之为自己服务。如果这样的事发生了，一种内部心理现实的统治权就在外部世界的现实之上建立起来；通向疯狂的道路就畅通无阻了。即使没有发展到这一步，这一冲突的实际重要性也是不可估量的。被神经症所控制的人，其禁制乃至无力于处理生活，在人类社会中都是非常重要的因素。这种神经症可以被看作是对其过去早期阶段的一种"固着"的直接表现。

那么，关于潜伏期这个涉及我们类推的特别有趣的问题又该怎么办呢？童年期的创伤能够立即产生童年期神经症；这构成了由症状形成伴随的一种防御性努力。这种神经症可能持续很长一个时期，并且引起显著的扰动，或者，它也可能潜伏下来而被忽视。通常，防御作用在这种神经症中占据上风；在任何事件中，我的改变都像伤疤一样保留着。童年期神经症很少不经间断就进入成年期神经症。更常见的情况是，它由一段不受干扰的发展时期继续下去，成为一种由生理潜伏期帮助或促成的过程。只有在这以后才出现变化，随着这种变化，神经症明显地表现为一种创伤延迟了的结果，这发生在青春期或稍后。在第一种情况下，神经症的产生是由于被身体成熟所加强了的驱力（Triebe）得以重新进行先前输掉了的战斗。在第二种情况下，神经官能症变得明显是由于防御机制造成的我的反应和变化在解决新的生活问题时形成障碍，因此，在外部世界的要求和我的要求间出现了重大的冲突——我力求保存它在自己的防御斗争中艰苦发展起来的组织。在神经症中，位于对创伤的初次反应和该疾病的后期出现之间的潜伏期现象，必须被我们视为典型性的。我们也可以把这种疾病看成是一种治疗努力，这种努力试图在被创伤所分裂的我与其余部分之间调和，把它联合进一个强大的整体以便应对外部世界。然而，如果没有寻求精神分析的帮助，这种努力很难成功；而且即使借助了精神分析的帮助，这种努力也并不总是能成功。它通常以完全毁灭或破坏我而告终，或者就是我被其早期分裂出去并从此被创伤支配的那个部分所压服。

为了说服读者相信这些陈述的正确性，我们有必要提供几个神经症患者生活历史的详尽情况。但是，那样一来将会使主题杂乱无章并且完全毁掉这篇文章的特色。那将会使这篇文章成为一篇关于神经症的专论，而且即便如此，也只有少数终生从事精神分析研究和实践的人能够勉强接受它的观点。既然我现在要面对更广大的读者，我只好请求他们暂时相信刚才读到的这些简略的说明；而就我自己而言，我抱定这样的看法，如果我做出的推论被证明没有建立在正确的理论基础上，读者们就用不着接受它们。

虽然如此，我还是能够提出一个病例，这个病例将清楚地表现出我上文提及的神经症的许多特性。当然，一个病例不可能表明所有情况；因此，如果这一病例的内容远离我们所寻求的类推方法，我将不会觉得失望。

就如中下层家庭里常见的情况一样,有个小男孩和父母亲同居一室,因此,在他还不会讲话之前就有很多甚至固定的机会观察到父母亲性交的场面。他看到的多,听到的更多。在他第一次遗精之后立即发作的神经症中,睡不安寝是最初的和最难忍受的症状。他对夜间的噪音变得异常敏感,一旦被惊醒,就再也无法入睡。这种干扰是一种真正折中的症状:一方面,他的防御表现要抗拒夜间的观察;另一方面,他要努力保持清醒以便能偷听那些经验。

这些观察过早地激起了小男孩攻击性的男性气质,他于是开始玩弄生殖器以使其兴奋,并对母亲做出性表示,通过认同于父亲而把自己放在父亲的位置上。这种情形持续下去,直到母亲禁止他再次玩弄生殖器,并吓唬他说要告诉他父亲,而父亲会惩罚他,去掉他这个恼人的器官。这种阉割威胁(threat of castration)对小男孩产生了非常强烈的创伤效果。他放弃了性活动,性格也产生了变化。他不再认同仿效父亲,而开始对他感到害怕,对他采取一种被动态度,并偶尔用违抗的方法来激怒他,让他从肉体上惩罚自己。这种体罚对小男孩具有性的意义,通过这种方法,他能认同于受父亲虐待的母亲。他越来越依附母亲,好像一刻也不能失去她的爱,因为这种爱构成了一种保护,使他免受来自父亲的阉割危险。潜伏期就是在这种俄狄浦斯情结的变化形式中度过的;它一直没有受到明显的干扰。这个小男孩成长为一个好孩子,在学校里也取得了成功。

至此,我们已经追溯了创伤的直接结果并且证实了潜伏期的存在。

随着青春期的出现，这个男孩的神经症变得明显起来，并且显出了它的第二个主要症状，即性无能（sexual impotency）。他的阴茎已经丧失了敏感性，他再也没有想触动它，也再也不敢从性的角度去接近一个女人。他的性活动受着限制，伴随着性虐狂－受虐狂的幻想（sadistic-masochistic phantasies）而停留在心理手淫（psychical onanism）的阶段。这样他很容易认识到幼年观察父亲交媾所产生的后果。青春期猛烈增长的男性精力变成了对父亲的凶狠仇恨和反抗，这种同父亲极端对立的关系足以损害他自己的利益，成为他自己在生活中以及同外部世界冲突中失败的原因。他不能容忍自己在职业上取得成功，因为他的职业是父亲强迫他接受的。他不交朋友，并且总是和上司关系恶劣。

他受着这些症状和无能力的重压，在父亲死后才终于娶了一个妻子。然后，他性格的核心显露出来了，这些特征使他非常难于与人相处。他形成了一种极端自私、专横而且野蛮的人格；对他来说，欺负和压榨其他人是非常必要的。他按照自己记忆中父亲的形象，变成了他父亲的标准翻版。也就是说，他复活了对父亲的认同，这种认同是在他还是孩子的时候就为了性的目的形成的。在神经症的这个部分，我们认识到了被压抑之物的再现，它与创伤的直接后果和潜伏期现象一起，已经被我列为神经症最本质的症状之一。

4 应用

早期创伤—防御作用—潜伏期—神经症发作—被压抑材料的部分再现：这就是我们为神经症的进程所做的公式。现在我将请求读者再进一步,假定人类历史上曾经发生过某种与个人生活中的事件类似的事。也就是说,人类作为一个整体,也经历过性攻击性本质的冲突,这些冲突留下了永久的痕迹,但是绝大多数却被避开并且遗忘了;后来,经过一段长久的潜伏期之后,它们又重新在生活中复苏,并且产生在结构上和趋向上与神经症症状类似的现象。

我相信,我已经推测出了这些过程,并且希望表明它们与神经症症状极其相似的后果,也就是宗教现象。进化论的发现已经毫无疑义地证明人类有一段原始时期,而这段原始时期的历史又是无法知晓的(也就是说,是被遗忘了的)。既然如此,我的这个结论也就几乎可以说是一条公理。如果我们能够认识到这种卓有成效而又已被遗忘的创伤无处不与人类家庭的生活相关,我们就会把它当作不期而至的礼物来欢迎,我们在上述的讨论中尚未预见到这一点。

四分之一世纪之前,我已经在《图腾与禁忌》(*Totem and Taboo*, 1912)一书中提出了这种论点,因此现在只须重复一下我那时说过的话。我的论点来源于查尔斯·达尔文(Charles Darwin)的某些评论,并且包含了阿特金森(Atkinson)的一点建议。他们认为,在原始时期,人类分成许多小小的群体生活着,每一群体都受着一个强壮的男性的统治。我们不清楚这段时期的确切时间,也没有建立与之有关的地理资料。人类那时很可能还没有发展出语言的艺术。这一论证的关键就在于,所有的原始人,因此就包括我们所有人的祖先,都经历了我现在要描述的命运。

我现在要用非常浓缩的方法来叙述这个故事，就好像那些经历了许多世纪而且反复重演过的事情好像只发生过一次似的。那个强壮的男人是整个部落的主人和父亲，他的权力无限，并且使用得十分野蛮。部落中所有的女人都是他的财产，包括妻子们和女儿们，以及那些从其他部落中抢掠来的女人。他儿子们的命运十分艰难；如果他们激起了父亲的嫉妒，他们就要被杀死、阉割或驱逐。他们被迫生活在小的共同体中，通过对其他部落劫掠获得自己的妻子。如果某个儿子能够做到这一点，就会获得和父亲在最初那个部落中类似的位置。出于很自然的原因，一个最受欢迎的位置会落在小儿子头上。由于母亲的偏爱和卫护，他会因为父亲年事日高而得利，在父亲死后接替他的地位。许多神话和童话传说似乎都在回应着这一点，即驱逐长子而偏爱幼子。

改变这第一种"社会"组织的下一个决定性步骤可能是这样的：那些被驱逐的弟兄结伙居住在一起，团结起来打败了父亲，并且按照当时的习俗，分食了他的尸体。我们用不着为这种嗜食同类的事震惊，它一直延续到了以后相当长久的时期。然而，根本之点在于，我们运用了精神分析的研究方法，把我们所阐明的当代初民们——也就是我们的孩子们——的感情和情绪，同样都赋予了那些初民。也就是说，他们不仅仇视和惧怕自己的父亲，同时也把他尊为榜样来追随；实际上，每个儿子都想占据父亲的位置。食人行为通过食入父亲的一部分肉体以确保儿子对父亲的认同，因此是可以理解的。

我们有理由猜度，在杀死父亲之后，出现了一段弟兄们争夺继承权的时期,每一个儿子都想独占这个地位。他们逐渐发现这种争夺既是危险的,也是徒劳的。这种痛苦的认识过程、他们共同奋斗求得解放的那些记忆以及他们在流放中互相扶助的手足依恋之情,使他们最终结成了同盟,达成了某种社会契约。于是,第一种放弃了驱力满足的社会组织形式诞生了;互相的义务得到承认,公布的制度变得神圣而不可侵犯。简言之,道德和法律开始了。每个儿子都放弃了独占父亲位置、占有母亲和姊妹的想法。由此,乱伦禁忌和外婚制出现了。父亲死后留下的很大部分权力由女性们继承,随后开始了母系氏族的时代。在这种"弟兄部落"时代,对父亲的记忆仍然留存着,某种最初令人恐惧的凶猛动物被用来当成父亲的替代物。这种选择也许会令我们奇怪,但是,人类后来在自己和这种动物之间掘出的鸿沟对于原始人来说并不存在,对于我们现在的孩子们来说也不存在——我们已经能够把他们的动物恐惧症解释为对父亲的惧怕。一方面,这种图腾是肉身化的祖先,是保护部落的神灵;另一方面,到庆祝活动到来的那一天,这种动物要遭受同原始人父亲相同的厄运,它将被宰杀,由所有弟兄一起享用。〔按照罗伯特森·史密斯(Robertson Smith)的说法,这称为图腾宴(totem feast)〕。这个伟大的日子实际上是纪念儿子们团结起来战胜父亲的一次胜利宴会。

可是,宗教是怎么兴起的呢?图腾制度,连同它的对父亲替代物的崇拜,已被图腾宴证实的对父亲的矛盾情感,各种纪念节庆和禁制的创立(人一旦违背这些禁制就要受到死亡的惩罚)——这种图腾制度可以被看作人类历史上最早出现的宗教现象,它也说明了自从人类伊始社会制度与道德义务之间的紧密联系。我们这里只能非常概括地提及宗教的进一步发展，毫无疑问，它是与人类的文化发展以及人类社会制度结构的变化并驾齐驱的。

图腾崇拜的下一步便是受崇拜物的人形化。明显源于该图腾的人形上帝，占据了此前动物所处的那个位置，然而动物图腾并没有因此而消失。人形上帝要么仍以某种动物为代表，要么至少仍保持着某种动物的面容；动物图腾也许成为这种上帝不可分离的同伴，或者，就如神话中所说，上帝征服了那种动物，进而取代了它的位置。在历史的某一时期，伟大的母性神出现了，我们很难说清母性神出现于哪个时期，也许是在男性神之前，并且，她们伴随在男性神旁边被崇拜了很长一段时期。在此期间产生了一场巨大的社会变革，母权制被复兴的男性统治制度所取代。当然，这些新的父亲从来没能继承到原始父亲的绝对权力。他们人数众多，生活在比原始部落更大的共同体之中；他们必须彼此相容，并且受着社会制度的束缚。众多的母性神可能是在母权制受到限制的时代发展起来的，以便补偿那些被废黜的母性族长的权威。男性神最初以儿子的身份出现在母性神身旁，其后才清楚地显出了父亲的特色。这些多神教的男性诸神反映了男性氏族时代的状况，他们人数众多，必须分享权力，而且有时还要服从于地位更高的神。下一步的发展就是我们感兴趣的主题：那位权力无限的唯一父亲神的再现。

我必须承认，这种历史概览会留下许多缺陷，在许多地方需要进一步的证实。但是，如果谁认为这种关于史前史的构想纯属异想天开，他就极大地贬低了形成这种构想的证据的丰富性和力量。在本文中被编织为整体的大量有关材料是已经被历史证明了的,有的甚至迄今还显露出它们的痕迹,比如图腾制度和男性社团等。其他的则以惊人的相似形式存留下来。基督教圣餐与图腾宴的酷似使不止一位作者感到震惊。在基督教圣餐中,信徒们象征性地分享上帝的血和肉;而在图腾宴中,也包含着这样的含义。各个民族的传说和神话中流传着无数有关远古历史的事迹,对儿童精神生活进行的精神分析研究填补了我们对初民时期知识的缺乏,已经产生了出人意料的丰富成果。我只须引用动物恐惧症为例,说明那种害怕被父亲吃掉的恐惧(这在成年人看来是极为奇怪的),以及那种阉割情结的巨大强度,就能帮助人们理解父子之间那种极其重要的关系。在我们的构想中没有任何东西是自己杜撰的,所有的观点都扎根在坚实的基础上。

现在让我们假定,上述关于史前史的构想从整体上说是可信的,那么,我们就可以认清宗教仪式和信条中的两个因素,其中之一是对古老家族历史及其残存物的固着作用(fixations);另一个因素是过去的再现和久已被忘记之事的回归。这第二种因素至今还未被人们重视,因此也未被理解。所以,我们在这里至少要举一个有说服力的例子来予以说明。

特别值得注意的是,每一种从已被遗忘的过去再现出来的记忆都带有极大的力量,它对人类大众产生一种无法比拟的强大影响,它提出一种无法抵挡的主张并被相信,任何合乎逻辑的反对意见对它都无能为力,非常类似于那句名言:"正因为荒谬,我才相信。"这种奇怪的特征只有与严重的精神病例中的妄想狂相比才能为人理解。人们早就认识到妄想中包含着某种被遗忘的事实，在其再现时，这种事实必然要被改装和误解，妄想所附带的强迫性说服力就是来自这种事实的核心，并由此散播到荒谬的程度。我们也许可以将这种真实核心称之为历史真理，并且应该承认各种宗教的信条也是这样的历史真理。当然，这些信条带有疯狂的精神病症状的特征，但是作为大规模的群体现象，它们已经不再处于孤立的境地。

如果我们省略掉从动物图腾到人形上帝这个容易追溯和理解的发展阶段（这一阶段中的人形上帝照例都带着他的动物伙伴。顺便说，就是基督教福音的四位作者[15]，也都各自带着自己宠爱的动物），我们就能看出，犹太民族中一神教的建立并继续发展而为基督教这段历史，比其他任何宗教的建立和发展都更为清晰。如果我们先承认，法老帝国的统治是一神教思想产生的外部原因，我们就能看到，这种思想被从它产生的土壤里连根拔起，移植到了另一个民族中间，并在经过了一个长时段的潜伏期之后，控制住了这个民族，被他们当作自己最宝贵的财富来珍视；作为回报，这种思想使他们坚信自己是上帝的选民，使他们感到自豪并得以生存下来：它就是那种原始父亲的宗教，与回报、优越感以及最终赢得世界统治权的希望都紧密相联。犹太民族早就抛弃了的定名为"愿望性幻想"（wish-phantasy）的东西，如今仍然残存在他们敌人的心目当中——他们仍然相信还存在着"锡安长

---

[15] 福音的四位作者，即马太、马可、路加和约翰。

老会"[16]的阴谋。我们在下一节里将要讨论,从埃及引入的一神教的那些特异性怎样必然对犹太民族产生影响,怎样使他们蔑视巫术和神秘主义,鼓励他们在精神层面上获得进步与升华,又怎样对他们的性格形成产生决定性的作用。这个民族欢欣鼓舞于他们的信仰中所具有的真理,完全被成为选民的意识所控制,高度珍视所有的智识和伦理成就。我也将同样阐明,他们的悲惨命运和在现实中屡屡遭遇的失望怎样加强了上述所有这些倾向。然而,现在我们将从另一个方向追寻他们的历史发展。

那位原始父亲的历史性权力的恢复标志着一个巨大的进步,但是事情并未到此终结,原始悲剧的其他部分也叫嚷着要求承认。我们很难说清这个过程是怎样发动的,看来,一股逐渐增长的负罪感笼罩了犹太民族,并且也可能笼罩了当时已经进入文明时期的所有民族。这种负罪感是那种受压抑材料再现的先兆。这种状况持续着,直到犹太民族的一个成员以政治-宗教煽动者的姿态出现,创立起一种新的教义,这种新教义和另外一种教义即基督教一起从犹太教中分离出来了。塔索斯(Tarsus)来的罗马犹太人保罗[17]抓住了这种罪感,并且准确地探索出了它的历史渊源。他将其称为原罪(the original sin)。这是一种对抗上帝的罪恶,只有以死才能补赎;死亡是

---

[16] 锡安长老会(Elders of Zion):出自"锡安长老会纪要"(The Protocols of Elders of Zion)。这是一份1903年出现的文献,被设计成为犹太长老们一系列会议的纪要,内容涉及统治全球的计划。因为其内容和风格荒诞,明显属于伪造,所以弗洛伊德在此使用这个例子来表明犹太敌人的"愿望性幻想"。

[17] 保罗(Saint Paul, ? —前67?):耶稣门徒之一,广传基督教于当时诸国,被害于罗马。《新约》中之书信部分大多系他所写。原名扫罗(Saul),其生日为1月25日。塔索斯是他的故乡,在今土耳其南部。

经由原罪才来到世上的。实际上，这种该当一死的罪恶就是谋杀了后来被尊奉为神的父亲。然而，这次谋杀事件并没有被记住；它被赎罪的幻想所取代，这就是为什么那种幻想被当作救世主的福音来欢迎的原因。上帝的一个儿子，本身是纯洁无罪的，却牺牲了自己来补赎世人的罪恶。他必须是一个儿子，因为那件罪行是谋杀父亲。来自东方和希腊神话的传说也许曾对这种救世幻想的形成产生过影响，而它的精髓则是保罗自己的贡献。从最纯正的意义上说，他是一个富于宗教天才的人，过去历史的黑暗痕迹存在于他的灵魂之中，随时都会喷涌而出，进入意识的领域。

纯洁无罪的救世主耶稣基督牺牲自己的说法显然是带有改装性倾向的传说，与人的逻辑思维很难相容。一个纯洁无罪的人献出自己的生命，就可以担当起其他谋杀犯的罪孽么？历史的事实中没有这样矛盾的事情。这个"救世主"不可能是别的任何人，而正是杀死了父亲的兄弟群体中的那位领头人，是罪孽最重的人。按我的意见，是否存在过这样一个叛逆主犯和领头之人，现在尚不能确定。这种情况很有可能，但是我们也必须考虑到兄弟群体中的每个成员肯定都想由自己去干这件事，以便谋得代替父亲的唯一位置，实现对父亲的认同。而当他埋没在兄弟群体中时，他只好放弃这个位置。如果没有这样的领头人，则基督就是一种未实现的愿望和幻想的继承者；如果有过这样一位领头人，那么基督就是他的继承人，他的再度化身。然而，是否有过这种愿望和幻想，是否有过那样一段已被遗忘往事的回归，其本身并不重要。无论如何，这里存在着关于那位英雄概念的起源,他起而反抗父亲,并在某种伪装之下将他杀死。[18]这里我们也能找到戏剧中关于这位英雄"悲剧性罪恶"的真正根源,这种罪恶是很难用其他方法来加以证明的。我们也几乎不会怀疑古希腊悲剧中的英雄和英雄颂歌代表着这同一位反抗英雄和兄弟联盟;中世纪的剧院里再次上演耶稣蒙难的故事,也不能说是毫无意义的。

我已经提到过基督教圣餐的祭典,在其中信徒们分食那位救世主的血和肉,它重复了古老图腾宴的内容;圣餐之所以如此进行,当然是出于对救世主的温柔情感和崇拜之意,而不是出于对他的攻击。然而,笼罩着那种父子关系的矛盾情感在这种宗教改革的结果中却清楚地显露出来了。本来想向那位父亲神赎罪的行动,却以他的被废黜靠边站而告终;摩西宗教是一种父亲神宗教,基督教却成为一种儿子宗教。那位旧神,即那位父亲,屈居第二了;基督,即那位儿子,代替了他的位置,正好像在那些黑暗时代里每个儿子都渴望成就的那样。保罗发展了犹太教,同时也因此而毁坏了这种宗教。[19]保罗所取得

---

[18] 欧内斯特·琼斯(Ernest Jones)提请我注意下述可能性:杀死公牛的密斯拉神(the god Mithra,波斯神话中的光明与真理之神,后成为太阳神)代表着这位领头人,他纯粹由他的作为而获得荣誉。众所周知,密斯拉崇拜与基督教曾长期争夺最后胜利。——原注
[19] 约公元49年,耶稣门徒在耶路撒冷开会,讨论是否要外邦信徒遵守犹太律法,特别是是否应受割礼的问题。当时的耶路撒冷教会分为两派。一派认为,凡是基督徒,不论犹太人或外邦人,均应遵从犹太律法;以保罗为首的另一派则认为,外邦基督徒有不受这律法约束的自由,这一派取得胜利。之后保罗在外邦人中广传福音,打开了基督教普及世界的大门。可是基督教从此愈加受到罗马帝国的镇压,罗马皇帝尼禄于公元64年对基督徒发动的迫害最为凶残,传说保罗即在此次迫害中殉教。公元70年,耶路撒冷被毁,基督教的中心移至邻国叙利亚的首都安提阿(在今土耳其南部)。

的成功，主要就在于他通过救赎的思想驱除了罪感的幽灵，也在于他放弃了犹太人是上帝的选民的思想，放弃了割礼这一可见的标志。这就是这种新宗教成为包容万物、普及世界的宗教的原因。保罗之所以采取这一步，也许是因为他所倡导的改革在犹太人中遭到反对而予以报复，但是，古老的阿顿教的一大特征（普遍性）却被恢复过来了，它传播到犹太人中之后产生的限制也被消除了。

与古老的犹太教相比，这种新宗教就某些方面而言是一种文化倒退；当大批文化层次更低的人侵入或被接纳进入较高文化之后，照例会发生这种现象。基督教并未保持在犹太教曾经翱翔的精神高度，它再也不是严格的一神教；它从周围的民族中间接受了无数象征性的仪式，重新树立了伟大的母性神祇，并且在一种极易识破的伪装之下为多神教的众多神祇找到了容身之处，虽然只是让他们处于从属的地位。最重要的是，它不像阿顿教和其后的摩西教那样禁绝迷信、巫术和神秘因素的渗透，在其后两千年的发展过程中，那些渗透已经被证明是精神发展的巨大阻碍。

基督教的胜利是阿蒙教祭司们对埃赫那顿的上帝的又一新胜利，这次胜利发生在1500年之后，其范围也更广大。然而即便如此，基督教也标志着宗教史上的一次进步，也就是说，受压抑材料的再现。从那时起，犹太教可以说已成为了一具化石。

一神教思想为什么正好在犹太人中产生如此深刻的影响？他们为什么牢固地坚持这种思想？这个问题值得我们深思，我也相信能够回答这个问题。原始时期那次杀死父亲的功绩和恶行被犹太人深切地感觉到了，因为命运注定他们要在摩西这位杰出的父亲替代者身上重演这种谋杀。这是用行动代替记忆的一个事例，在对神经症患者的精神分析中经常出现这种情况。他们对于摩西教义——这种教义应该一直都对他们的记忆形成了一种刺激——的回应是否定自己的行动，止步于承认那位伟大的父亲，阻断了通向后来由保罗所开始延续原初历史的那个点的通路。另外一位伟大人物的惨死能够成为保罗创立一种新宗教的契机，这很难说是偶然的。这个死去的人在犹地亚[20]有一小批信徒，他们相信他就是上帝的儿子，就是被许诺过的弥赛亚。后来，有些关于摩西童年历史的传说又附会到了他身上。然而实际上，我们所知的有关他的情况并不比有关摩西的情况多，我们不清楚他是否真是福音书里描述的那个伟人，或者，他被杀的事件本身是否构成了他的重要性。保罗虽然成了他的信徒，但是却并没有见到过他。

塞林在追溯传说时发现摩西是被他的人民杀害的，更为奇怪的是，歌德年轻时在没有任何证据的情况下也认定了这一点。[21]在我们的推理中，这种论点是不可缺少的部分，它是连接已被遗忘的原始时代的事迹和随后以一神教形式再现这种事迹的重要环节。[22]一种富有吸引力的设想是，谋杀摩西的罪恶可能成了一种刺激物，由此产生出了关于弥赛亚的愿望性

---

[20] 犹地亚（Judea）：在今巴勒斯坦南部，当时为罗马领地。
[21] 《荒野里的以色列人》魏玛版第7卷，170页（*Israel in der Wüste*, Vol. Ⅶ of the Weimar edition, p. 170）。——原注
[22] 在这种联想中可比较弗雷泽在《金枝》第三部分"垂死的上帝"中所做的著名解释（Frazer: *The Golden Bough*, Part Ⅲ, "The Dying God." 1911）。——原注

幻想。这个人原本是要来给予他的人民以救赎和曾经许诺过的世界统治权的。如果摩西是第一个弥赛亚，基督就成了他的替代者和继承人。于是保罗就有某种权利对人们说："看呐，弥赛亚真的到来了，他确实是在你们眼前被杀害的。"基督复活的说法因此也包含某种历史真理，因为他是复活的摩西，也是那位初民部落原始父亲的再现——不过变形为儿子，占据了他父亲的位置。

可怜的犹太人，他们怀着常有的执拗和倔强劲头，继续否认谋杀了自己的"父亲"。他们已经在岁月的长河中虔诚地补赎了这一罪孽。他们一次又一次地遭受谴责："你们杀死了我们的上帝。"这种谴责如果恰当地加以解释，可以说是正确的。在提及宗教历史时，人们还谴责说："你们不愿**承认**你们谋杀了上帝。"（上帝的原型，那位原始父亲，以及他的再度化身。）他们还说："确实，我们干了同样的事，但是我们承认了，并且从那时起，我们就已经涤除了罪孽。"反犹主义者用以纠缠犹太民族后代的指控并非都建立在这种稳当的基础之上，当然，普遍仇视犹太人的强烈而持久的现象肯定存在着不止一种原因。我们可以推测出一系列原因，其中一些用不着解释就能看出是产生于明显的理由的，另一些则埋藏得更深，发源于隐秘的源泉，带有特殊的目的。在第一类原因中，谴责犹太人是外来者的说法是最荒谬的，在现今反犹主义势力控制下的许多地方，犹太人都是最早定居者的组成部分，在一些地方他们甚至比现在的居民更早到达，例如在科隆城（Cologne）的情况就是如此，在它被日耳曼部落占领之前，犹太人就随罗马人到了那里。反犹主义在其他方面的基础更为稳固。例如，由于绝大多数犹太人在其居住地区都属于少数民族，而那些多数民族为了实现团结，需要煽起一种反对外来少数民族的仇恨，犹太人这个少数民族的数量劣势因此就引来了压迫。然而，犹太民族的其他两点特异性是相当难以原谅的，其一是他们在许多方面不同于他们的"主人"；其实，从根本上说情况并非如此，因为他们并非像他们的敌人所强调的那样是外来的亚洲种族，而是绝大部分由地中海各民族的血统组成的，并且继承了这些民族的文化。然而，他们又确实有些不同——虽然有时难于定论到底在哪些方面不同——特别是不同于北欧民族。可是，奇怪的是，种族偏执狂在这个仅有微小区别的民族身上却使用了比对其他完全不同的民族更强烈的表达方式。犹太人的第二个特异性甚至具有更显著的效果，那就是他们反抗压迫，即使最残酷的迫害也没有能够将他们灭绝，恰好相反，他们在实际生活中显示了紧密团结的能力，凡是在他们得到承认的地方，他们都为当地的文明做出了卓越的贡献。

　　反犹主义各种更深藏的动机具有更久远的根源，它们来自无意识。我将要谈及的理由乍看上去显得不可置信，但对此我已胸有成竹。我要冒昧地断言，由于犹太人坚持说他们是上帝父亲的最先降生、最受宠爱的儿子，这种说法在其他民族中惹起的嫉妒还没有消失，就像犹太人仍然相信他们的说法是正确的一样。再者，犹太人使自己显得与众不同的那些风俗，特别是割礼风俗，给其他民族留下了讨厌而怪诞的印象。也许，这种割礼使其他民族的人联想到恐怖的阉割情结以及他们乐于忘却的自己历史上那些久远的东西。此外，这一系列原因中还有一个最近期的目的。我们不能忘记，现在积极反犹的那些民族都是在相对晚的时代才接受基督教的，有的是经过流血的强迫才接受的。人们也许会说，他们都是"勉强受洗"的；在基督教的薄薄外表之下，他们仍然保持着他们祖先野蛮的多神教特征。他们还没有克制住对强加在自己头上的新宗教的怨恨，并且，他们已经把怨恨的矛头指向了基督教的发源之处。福音书里讲到的故事发生在犹太人中间，而且实际上只表现了犹太人，这个事实更助长了那种怨恨。对犹太教的仇恨从根本上说就是对基督教的仇恨，在德国国家社会主义革命中，这两种一神教的紧密关联表现在了它们都得到了仇视，这是毫不令人感到奇怪的。

5 困难

前面一小节也许已使神经症过程与宗教事件之间的类推得以成立，因此也就指出了宗教出人意料的根源。在这种从个体心理向群体心理的转换中，出现了实质和意义都不相同的两个困难，我们现在必须予以检验。其一，我们在丰富多彩的宗教现象学（Phänomenologie der Religionen/phenomenology of religions）中只涉及了一个例子而忽略了其他情况，我必须抱歉地承认自己无法给出更多的例证，因为我缺乏足以完成这项研究的专门知识。也许，我有限的知识将能允许我补充一点。就我看来，伊斯兰教的建立似乎是犹太教的简化和重复形式，它是模仿犹太教而创立的。我们有理由相信，那位先知最初打算为他和他的人民完整地接过犹太教。那一位伟大的原始父亲在阿拉伯人中间的复兴，使他们的自信心产生了惊人的飞跃，引领他们取得了震惊世界的胜利。但是，他们的自信心也确实在那些胜利中耗损殆尽了。与耶和华相比，真主安拉对于他所选中的人民感念尤甚。然而，这一新宗教的内在发展不久就停滞下来，这也许是因为它缺乏犹太教那种来自谋杀创教者的深刻性。东方各种具有显著理性主义的宗教从本质上说都是祖先崇拜，因此它们在重建了过去的早期阶段就停滞不前了。我们发现，那些现在还停留在原始阶段的民族的宗教中，唯一的内容就是崇拜一个最高的神。如果这种发现是正确的，我们就可以把它的内容当作宗教发展过程中的一种枯萎现象，并且由此得出它与临床心理学中大量的初期神经症属于类似现象的结论。为什么这两者都没有进一步发展，我们尚不理解。我们只能认为，这种枯萎现象是由那些原始民族各自的天赋、他们的活动方向以及他们一般的社会状况造成的。此外，精神分析工作中有一个很好的规则，就是只满足于解释存在的事物，而不试图去解释尚未发生的事情。

转换到群体心理学的第二个困难具有更大的重要性，因为它代表着一个最具实质性的新问题。这个问题在于，在现存的各民族的生活中，那些活跃的传统是以什么形式出现的？对于个体来说不存在这样的问题。因为这个问题是由无意识中存在的过去的记忆痕迹来解决的。现在且让我们回到犹太民族这个历史事例上来。我说过，夸底斯的妥协是以从埃及归来的犹太人中持续存在着的有力传说为基础达成的。这一点已经不存在问题。我认为，那种传说是由对口口相传的有意识记忆保留下来的，当时接受这些记忆的人们距离他们那些亲自参与和目睹相关事件的祖先们，只隔了两三个代际。然而，我们能否相信，在后来的诸多世纪中情况也是同样如此呢？也就是说，那些传说是否总是基于一种知识，通过一种正常的方式由祖辈传给后代的呢？正如在此前的案例中一样，我们不知道那些了解内情并把它传播开去的人是些什么人。依据塞林的意见，摩西被谋杀的传说总是存在于祭司们当中，直到最终它被写成文字记载下来。就是这种记载使塞林有可能推测出事情的真相。由于它事关重大，其真相不可能被许多人了解。但是，这种传播形式能够产生那样广大的效果吗？我们能够相信那少数了解内情的人在广大群众了解到事情真相时能有力量去左右他们的想象力吗？我们倒不如认为，在那些不明真相的群众中间存在着某种东西，它类似于那少数人知道的内情，一旦那些内情被透露出来，立即就和这种东西产生了共鸣。

当我们要着手研究原始时期的类似情况时，更难得出结论。在无数个世纪的过程中，人们当然会忘记曾经有过一个我所描述的那种品质的原始父亲和他所遭遇的命运。我们也无法假定有关于他的口头传说流传下来，就好像摩西的那种一样。那么，我们在何种意义上讨论一种传说？它可能以什么样的形式存在？

为了帮助那些不愿意或者不打算问津复杂心理学问题的读者，我将首先提出下述研究的结果。我认为个人和群体之间在这一点上几乎是一致的，也就是说，群体也在无意识记忆痕迹中保持着关于过去的印象。

个人的这种情况似乎是足够清楚的。个体保持着早期事件的记忆痕迹,但是他是在一种特殊的心理学条件下保持的。人们会说,个体总是了解那些事件的,也就是我们所说的知道被压抑材料的意义上。关于某件事情怎样被遗忘,过了一段时间之后它又怎样出现在记忆之中,我们已经形成了某些概念,而且不难通过分析证明这些概念。被遗忘的材料并没有消失,只是被"压抑着"。它的痕迹仍然以其原来的清晰度存在于记忆之中,但是这些记忆被"反贯注"(counter-cathexes)隔绝开来了。它们无法和其他的智识进程建立联系,它们是无意识的,无法进入意识。这种被压抑材料的某些部分可能会逃脱这个进程,保持和记忆的联系,并且偶尔在意识里再现,但是即便如此它们也是孤立的,就好像一种异物一样,与其余部分没有任何联系。这种事可能发生,但是并非必然要发生。压抑也可能是彻底的,这就是我计划考察的情况。

这种被压抑材料保持着它要穿透进意识的冲击力,当下列三种条件具备的时候它就能达到目的。(1)当反贯注的强度被某种作用于我本身的疾病减弱,或者像通常发生在睡眠中那样,经由在我之中贯注的不同分配而减弱。(2)当附属于被压抑材料的驱力增强时。青春期的那些进程为此提供了最好的例证。(3)当新近发生的事件产生的印象或经验与被压抑材料非常相似时,它们有力量唤醒它。于是,这种近期的材料由于被压抑材料的潜伏能量而增强,而被压抑材料则在近期材料背后并借助它而产生了影响。

在这三种情况下，被压抑材料均不能在不受阻碍或没有变化的情况下成功进入意识，它总是要经受某些改装，这些改装证明了由反贯注引起的抵抗还没有完全被克服，或者证明了近期经验的修订性影响，或者是这两者兼而有之。

我已经把处于意识和无意识之间的心理过程的不同之处作为一种区别标志和界限。被压抑材料是无意识的。反之，也就是说，如果"有意识"和"无意识"在质上的区别与"属于我"或"被压抑"的区别是相同的，那将会是一种令人鼓舞的简化方法。我们的灵魂生活中潜伏着孤立的和无意识的材料这个事实本身就是足够新颖而重要的。实际上事情更为复杂。确实，所有被压抑材料都是无意识的，但是并非所有属于我的东西都是有意识的。我们开始了解到，处于有意识只是一种短暂的特质，它只能暂时地依附于某种心理过程。这就是我们为了自己的目的必须用"能够处于有意识"来代替"有意识"的原因，我们把这种特质称为"前意识的"（preconscious）。这样，我们更正确的表述是：我从本质上说是前意识的（接近意识的），但是我的某些部分是无意识的。

上述这段陈述告诉我们，至此为止我们注意到的这类特质还不足以使我们弄清灵魂生活中的奥秘。我们必须引进另一种区别方式，这种区别不再是特质性的，而是地形学的（topographical），同时——给了它一点特殊价值——也是遗传性的。现在我们就能从灵魂生活（我们把它看作由几个层系、区域或范围组成的构造）中划分出一个区域，我们将它称为"我"（Ich/ego），以区别于另一个称为"它我"（Es/Id）的区域。它我要古老一些，我是由于外部世界的影响从它我中发展出来的，就像树皮包裹着树木长出一样。我们的原始驱力是在它我中开始的；它我中的所有过程都是无意识的。如前所述，我与前意识区域保持着联系，它的某些部分在正常情况下保持在无意识中。它我中的那些心理过程遵循着很不相同的定律；它们的程序和互相之间施加的影响与在我中占优势的那些完全不同。发现这些不同之处使我们对问题产生了新的理解，并且使这种理解能够得到证实。

我们必须认为，被压抑材料属于它我并且服从于它的机制；它只是在起源方面与它我不同。这种区别产生于早期阶段，即我从它我中脱颖而出的时候。然后，我占有了部分它我并把它提高到前意识的水平；它我的其余部分则没有受到影响，作为真正的无意识留在它我中。然而，在我的进一步发展中，它的某些心理印象和过程被防御机制排斥在外，被剥夺了前意识的性质，因此它们又被降级，成为它我的组成部分，这些就是它我中的"被压抑材料"。关于这两种灵魂区域之间的通道，我们假定，一方面，它我中的无意识过程能够被提高到一种前意识水平并被合并进我，另一方面，我中的前意识材料能够沿相反的道路运行并被移送回它我中。此后，另一个区域即"超我"（Über-Ich/Superego）被划定在我中，但我们认为那与此点无关。

所有这些也许显得异常复杂，但是如果我们已经熟悉了关于灵魂构造异乎寻常的地形学概念，就不会感到特别困难。需要补充说明的是，我在这里提出的关于心理的地形学从整体上说与大脑解剖学并无联系；唯一相关之点就是它要对大脑解剖学产生影响。我和任何人一样知道得很清楚，这个概念的不足之处是我们完全不了解灵魂进程的动力学性质造成的。我们知道意识观念与前意识观念和无意识观念的区别是什么，它不可能是其他东西，而只可能是心理能量的一种修正形式或者另一种分配形式。我们谈到了能量贯注和超能量贯注，但是除此之外我们一无所知，甚至没有初步提出一个行之有效的假设。关于意识现象，我们至少能够说明它最初是附着在知觉（perception）上的。所有经过痛觉、触觉、听觉或视觉刺激而来的知觉更易于成为有意识的。思维过程及其在它我中的可能类似物就其本身而论都是无意识的，它们以语言功能（Sprachfunktion/function of speech）为媒介，通过触觉和听觉感知而来的记忆痕迹的帮助而进入意识。动物没有语言，这类关系肯定更为简单。

被我们作为出发点的早期创伤的印象要么没有被转换进前意识，要么很快经由压抑被导入它我。因此，它们的记忆残余是无意识的，并且是从它我开始运行。只要它们与个人经验有关，我们就自信能够追查它们未来的演变。然而，当我们意识到个体的心理生活中可能不仅存在着他自己所经验过的东西，而且可能在出生时就携带着种族发育根源的碎片这种原始遗产时，就会产生一个新的问题。这时我们要问：这种遗留物存在于什么当中？它包含着什么东西？它有什么证据？

第一而且最确切的回答是，它存在于所有生物都具有的某些禀性之中，也就是说，存在于追随某种特定发展方向以及用特殊的方式对某些兴奋、印象和刺激加以反应的能力和倾向当中。既然经验表明不同个体在这个方面各不相同,人类的原始遗产也就包含着这些不同之处;它们代表着那些被视为个体中的体质因素的东西。既然所有种族至少在原始阶段都经历过同样的经验,他们也就会以同样的方式对之加以反应,人们因此会产生疑问:这些包含所有个体差异的反应是不是这种原始遗产的一部分?我们必须丢掉这种怀疑;上述相同之点并不能丰富我们关于原始遗产的知识。

126　　同时,精神分析研究已经产生诸多可供我们思考的成果。其中首要的是语言象征手法的广泛运用。我们的儿童非常熟悉用一种客体象征性地代替另外一种,在行动中也是一样。这对他们来说非常自然。我们不但无法弄清他们学会这一点的方式,而且必须承认,在很多情况下要学会它是不可能的。这是一种原始的知识,成年之后就忘记了。当然,成年人在梦中使用这种相同的象征手法,但是在精神分析学者给他解释之前,他并不理解它们。即便在那种时候,他也不愿意相信这种转译。当他使用了语言中具体体现了这种象征手法的某种常用习语时,他必须要承认几乎已经不记得其真实意义了。象征手法甚至不受各种语言差别的影响,研究可能会表明它是无所不在的,不受民族差异的影响。从语言开始发展的时代起似乎就存在着这种原始遗产的既定状况。然而人们力图对它进行其他解释。人们也许会说,它们是语言发展历史中形成的概念之间的思维联系,每当个体在经历这种发展过程时,都必然要对其加以重复。因此,这就像是继承一种智识禀性的例子,就像人们在其他方面继承一种驱力禀性一样;既然如此,它就仍然没有为我们的问题做出新贡献。

然而，精神分析的研究已经有了一些新发现，其意义超出我们迄今所讨论过的任何东西。在研究对早期创伤的反应时，我们常常惊奇地发现它们并没有严格地保持在个体本身经验的东西里，而是以一种更为符合系统发育事件的模型的方式脱离开其经验，并且，总的来说，我们只有通过这种影响才能解释它们。在俄狄浦斯情结和阉割情结影响下，患神经症的儿童对父母的行为存在着丰富的这一类反应；这类反应在个体中似乎是不合理的，只可能从种族发生史的角度、从它们与前辈的经验的关系的角度来加以理解。搜集和出版我的评述所依据的那些资料是非常必要的。实际上，我觉得自己完全有理由进一步大胆断言，人类原始遗产不仅包括禀性，还包括此前诸多代际的观念内容和记忆痕迹。这样，原始遗产的范围和意义就会扩大到一种可观的程度。

经过深思熟虑之后，我必须承认所提出的那个主张应该是没有问题的，也就是记忆的遗传：我们祖先所经历之事的痕迹，它们颇为独立于直接的沟通与教育的影响。当我谈及某个古老的传说仍然活在某一民族心中，谈及某一民族性格的形成时，我所指的就是这样一种遗传的传说，而不是由口头语言传播的传说。或者至少，我没有在此二者之间加以区别，也没有理会由于无视这种区别而迈出了多么大胆的一步。由于目前生物学界否定人类习得性的素质是由遗传传给后代的观点，上述设想确实很难立足。尽管如此，我还是抱着极为谦逊的态度认为，不把这个因素纳入考虑，我就无法想象生物学的继续发展。当然，这两种情况不太相同：对于前者，问题在于习得性的特质令人难以想象；对于后者，问题在于对外来表现，也即某种几乎实在之物的记忆痕迹（难以令人想象）。然而，我们可能在根本上无法真正脱离这两者中的任何一种而想象另外一种。如果我们接受原始遗产的记忆痕迹持续存在的观点，我们就在个体心理学与群体心理学的鸿沟之间架起了桥梁，并且能够像对待个体神经症患者那样来对待各个民族。虽然我们也许应该承认，对于原始遗产的记忆痕迹而言，除了由分析工作唤起的那些记忆残余之外，我们至今还没有更有力的证据，然而就我看来，这种证据足以用来假设那样一种事态。但是如果情况并非如此，我们就无法再前进一步，无论是在精神分析中还是在群体心理学中。这种假设是大胆的，却也是不可避免的。

在进行这种假设时，我们也做了其他事情。我们填补了人类的傲慢曾经在人和兽之间掘下的宽广鸿沟。动物的本能（Instinkt）使它们从一开始就能在新的生活环境中生存，就像在它们非常熟悉的旧环境中一样。对于动物的这种本能性生活，只可能做出如下解释：它们把同类的经验贮存在新一代的大脑中，也就是说，它们已经在自己的记忆中保留了自己祖先的经验。在人类这种动物中，情况不会有根本的差异。他自己的原始遗产虽然在范围和特征方面有所不同，但是与动物的本能是一致的。

鉴于上述考虑，我可以问心无愧地说，人类历来就知道——当然是以这种特殊的方式——他们从前有一个原始父亲，而且他们杀害了他。

这里我们必须回答两个问题。其一，这种记忆在什么条件下进入那种原始遗产？其二，在哪些环境下它能够活跃起来？也就是说，在哪些环境下它能从它我里的无意识状态穿透进意识，尽管是以一种变形和改装的形式？第一个问题很容易解答：当那种经验足够重要，或经再三重复，或兼具这两种情况时，条件即告具备。就谋杀原始父亲一事而言，这两种条件都具备了。对于第二个问题我需要说明：可能会有许多影响因素，而且并不必然都为我们所知。根据某些神经症中发生的情况来类推，某种自发的原因也是可能的。不过，关键重要的事情当然是，该事件在近期的真实重复发生所唤醒的记忆痕迹。谋杀摩西以及后来对基督的所谓审判谋害就是这样一种重复，所以这些事件作为动因走向了前台。如果没有这些事件，一神教的产生似乎是不可能的。下面这句诗提醒了我们这一点：

所有要流芳千古的人
在生活中都必先遭厄运。[23]

我将以一个精神分析的论证来做总结。仅仅依据口口相传的传说不可能产生与宗教现象有关的那种强迫性特征。它将被倾听、衡量，或被否定，就好像任何来自外界的消息一样；它绝对摆脱不了逻辑思维的强制性束缚。在它再现并产生强大的作用，强迫大众匍匐在它的符咒下之前，它肯定已经经受过压

---

[23] 席勒:《希腊的众神》，由 E. A. 鲍林译成英文（Schiller: *The Gods of Greece*, English translation by E. A. Bowring）。——原注

抑的命运，经历过无意识的状态。我们在宗教传统中已经震惊并且因此而不理解地观察到了这一点。这种考虑使我们倾向于相信，我所描述的这些事情可能真正发生过，或者至少非常可能发生过。

第二部分

1 概要

131　在没有做出冗长的解释并表明歉意之前，我无法将本文下面的部分呈送到世人面前。除了对某些重要的探索进行浓缩，对犹太民族性格形成的过程和原因做一些补充之外，下面部分几乎是第一部分忠实的翻版。我知道，这样提出主题的方式既不妥当，同时也枯燥乏味。我自己对此也并不赞成。但是，为什么我又不避免这种方式呢？对我来说，这个问题的答案不难找到，但却非常难于承认。我至今还抹除不了导致开始撰写本书的那种异乎寻常的历史痕迹。

　　实际上，这部书已被写过两次。第一次是几年前在维也纳。当时，我相信本书无法发表，因此把它放到一旁；但是，
132　它像一个无法摆脱的幽灵似的纠缠着我，于是我只好妥协，在《意象》杂志上分别发表了本书前两篇，即《摩西，一个埃及人》和以它为基础的历史学文章《如果摩西是个埃及人……》。这两篇是全书的精神分析出发点。其余的章节，也就是我应用自己的理论去分析一神教的起源和对于宗教展开诠释的部分，由于会形成冒犯，带来危险，所以我本以为会永远束之高

阁了。之后，在1938年3月，德国的突然入侵逼使我离开了家乡，但是也使我不再担心发表本书会导致精神分析在一个允许其实践的国家遭到禁止。我一到达英国，内心就充满了无法抑制的诱惑，想要将我保留的见解公之于世。因此，我开始接续已经发表的前两篇，重写本书的第三篇。这自然就需要重新组织部分材料。然而，在这第二次编写的过程中，我没能凑齐全部材料，另一方面，我也无法下定决心放弃已经写好的前两篇，于是只好折中处理，将第一个版本原封不动地照搬下来，这就是造成本文中大量重复之处的原因。

当然，由于我所论及的问题非常新颖而又重要，我也许会自得其乐，至于我的论述是否正确姑且另当别论。如果人们因为上述原因被迫再次读到同一问题的重复论述，我觉得只能算作一个小小的不幸。有些事情本来是应该不止说上一次，而且值得不厌其烦地重复的。然而，人们是否愿意对某个题目流连忘返或者反复研读，应该取决于他们的自由意志。我们不应该在同一本书中对同一主题天花乱坠地吹上几次，以此强调某个结论，那样一来，作者只会证明自己的笨拙，而且活该受到读者的指责。可悲的是，作者的创造力并不总是追随他的良好愿望，一件作品总是要按它自己的意志生长，有时它对抗作者的愿望而保持某种独立性，甚至发展成与作者意图背道而驰的东西。

2 以色列的人民

我们现在遵循的程序，是从传说中选取看来有用的材料并排除不适当的东西，然后依照其心理学概率将那些个别的片段拼合起来。如果我们清楚，这样的方式没有把握一定能找到真实的情况。人们自然会问，既然如此，那为什么还要进行这种努力呢？为了回答这个问题，我必须列举出结果。如果我们在总体上降低通常对历史学和心理学研究提出的苛刻要求，我们就有可能澄清那些似乎总是值得注意的问题——而且是那些作为近期事件的结果，迫使我们再度对其展开观察的问题。我们知道，在古代地中海盆地居住的民族中，犹太民族可能是唯一名存而且实存的民族，它怀着未有先例的抗拒力量，蔑视不幸和不公的命运，发展出了特殊的性格；但是不巧，它也引起了其他所有民族的仇视。人们会希望更透彻地了解，犹太民族的这种抵抗力量从何而来？它的性格是怎样同其命运相联系的？

我们可以从犹太人的一个性格特征出发来探讨上述问题，这个特征左右着他们与其他民族的关系。毫无疑问，犹太人对自己评价甚高，他们认为自己更高贵，属于更高水平而优于其他民族。同时，他们的许多风俗使他们与其他民族隔绝开来。[24]这样，一种对生活的特殊信仰使他们生气勃勃，这种特殊信仰来源于他们的一种隐秘而珍贵的天赋，它是一种乐观主义，笃信宗教的人把它称之为对上帝的信仰。

我们了解他们这种态度的原因，也知道他们的珍贵财富是什么。他们真正相信自己是上帝的选民；他们坚信自己离上帝

---

[24] 在古代，他们经常被侮辱性地攻击为麻风病人（参见曼尼索，Manetho），可是那种攻击却是这样表达的："他们不和我们接近，好像我们是麻风病人。"——原注

特别近，这就是他们为之自豪和自信的原因。依据可靠的历史记载，他们的行为方式从希腊化时期（Hellenistic times）到现在均未改变，因此，那时犹太人的性格与现在的相同。而当时的希腊人（犹太人居住在他们当中或其邻近地区）对待犹太人的方式，与今天自认为是犹太人的"主人"的那些人相比，也没有什么区别。从他们对待犹太人的方式来看，人们也许会认为，就连他们也相信犹太人自己声称的一切。当某个威严的父亲指明了谁是他的宠儿时，人们无须惊奇于其他的兄弟姊妹都会产生嫉妒。犹太人关于约瑟和他的兄弟们的传说，就清楚地说明了这种嫉妒能够导致什么结果。世界历史在那以后的过程似乎又佐证了犹太人的这种傲慢，因为，当上帝后来答应给人类送去一个弥赛亚和救世主的时候，他又是在犹太人中选派的。其他民族因此而有理由说："他们确实是对的，他们是上帝的选民。"可是事实上，耶稣基督的救赎只给犹太人带来了更强烈的仇恨；犹太人虽然又一次被证明了是上帝的宠儿，却没有获得任何好处，因为他们没有认出这位救世主。

在我此前讨论的基础上，我们现在可以断言，正是摩西给犹太民族打下了特殊的烙印，他对他们的历史产生了极其深刻的影响。摩西确定了犹太人是上帝的选民，增强了他们的自信心；他宣告他们是神圣的，并且让他们肩负了与其他民族隔离的责任。在那时，就像在现在一样，每个民族都认为自己优于其他民族，然而，犹太人的自信心却由于摩西的影响而在宗教中锚定下来，成了他们宗教信仰的一部分。由于他们同上帝的关系特别密切，上帝的庄严神圣因此也就有他们一份。由于我们知道，在那个选择了犹太人并且将他们从埃及带出来的上帝背后，是表面上在执行上帝命令的摩西这个人，因此我要冒昧地说，缔造了犹太民族的是一个人，是摩西这个人。犹太民族由于他而获得了赖以生存的凝集力；然而，在很大程度上，也是由于他而招致了他们曾经遭受、现在也还仍然没有摆脱的敌意。

3 那个伟大的人

一个人怎么可能发挥出如此异乎寻常的作用，把众多普通的个人和家庭凝集为一个民族？他怎么可能在这个民族身上铸成明确的性格并决定它千百年来的命运？这种假设会不会是一种退化，使我们的思维方式退化到产生创世神话和英雄崇拜的时代中去？退化到历史尚在竭力记述某些特定个体也即君主和征服者们日常和生平事迹的时代？现代历史学更倾向于追溯人类历史事件中那些更隐蔽、更普遍和更非人为的因素，即经济环境的强制性影响、食物供给的变化、材料和工具的进步、人口增长引起的迁徙以及气候的变迁，等等。在这些因素中，个人所起的作用就是大众倾向的倡导者或代言人——大众的倾向必然要通过这些特定的个体，在很大程度上是偶然地表现出来。

这是一些相当有道理的观点，但是它们却使我们注意到，在我们的思维器官的态度和我们正在努力了解的世界之间存在着严重的差异。只有当每个过程都有**一种**可资证实的原因时，我们才能满足弄清因果关系的迫切需求。实际上，在我们身外的现实中情况并非如此；每一事件都是被多元决定的（Überdeterminiert/over-determined），都表现出是几种原因共同作用的结果。由于某些事件无数复杂因素的逼迫,研究者们用这些事件中的某一环节来反对另一环节,并坚持规定出一些本来并不存在的对立,而这些对立只不过是从一些更易被人理解的关系中割裂下来并人为地创立起来的。[25]

因此,如果对某种特殊情况的研究证明了某个个体的突出影响,我们用不着觉得良心不安,我们接受这种结论并不意味着排斥那些普遍存在的非人为因素。事实上,这两个方面无疑都应该兼顾。而关于一神教的起源,除了我已经提及的那些因素——其发展与不同民族之间更为紧密关系的建立以及一个伟大帝国的存在都有关系——之外,我们确实无法指出任何其他的外部因素,也就是说,这种宗教的发展与不同民族之间建立了更紧密的联系有关,与一个伟大帝国的存在有关。

因此,我们将在这些决定性因素的环节(或者毋宁说网络)中为这个"伟大的人"保留一个位置。但是,我们也许有必要弄清楚,在什么情况下我们给人以这样一个光荣称号。我们也许会惊奇地发现,要回答这个问题并非易事。一个最初的讲法是:伟大的人特别拥有某些我们高度珍视的素质。然而这种界定显然在各个方面都是不恰当的,比如,美貌和肌肉的力量,它们虽然很容易招人嫉妒,但并不能被称之为"伟大"。那么这些素质可能就是精神方面的——心理的和智识方面与众

---

[25] 然而,我有必要提高警惕防止可能的误解。我的意思并不是说,由于这个世界极其复杂,因此每种断言都必须指某种真理,并非如此。我们的思想保有创造的自由,它能够创造出现实中没有的依赖关系和相互之间的关联。很明显,它极其珍视这种才能,因为无论在科学领域内部还是外部,它都在极大限度地运用这种才能。——原注

不同的特质。但是在这些方面我们仍有疑问：如果没有进一步的原因，一个在某专业领域具有杰出知识的人不可能被称为伟大的人；我们当然不会把一位象棋大师或音乐巨匠称为伟人，也没有必要把一位优秀的艺术家或科学家称为伟人。在这种情况下，我们应该满足于说他是个伟大的作家、画家、数学家或物理学家，是某一领域的先驱；但在把他们称为"伟大的人"之前，则需要三思而行。例如，当我们公认歌德、达·芬奇和贝多芬为伟大的人时，除了他们瑰丽的创造引起我们的崇拜之外，必定还有些其他事情感动我们。如果我们不举出这些例子，人们很可能会认为"伟大"的桂冠是专为实干家们预备的，也就是说，是专为征服者、将军和统治者们预备的，是对他们取得的成就和具备的影响力的伟大性的承认。然而，这也不能令人满意，并且这也完全有悖于我们对众多无耻之徒的谴责。无可否认，这些人也对于他们的时代及其后的时代都产生了重大影响。同样，想到众多遭遇不幸、未取得成功就离开人世的伟人，我们也就不能把成功作为区分伟大与否的特征。

因此，我们应该暂时倾向于这个结论，即我们几乎不值得去为"伟大的人"寻求一个绝对概念。这似乎是一个使用界限相当松散的术语，并未包含任何确切的定义；人们习惯用它来表示某些超越人类正常发展水平的素质，这种认识能使我们更接近"伟大"一词的原始字面意义。我们也许记得，激起我们兴趣的并不是伟大人物的天性，而是他借以影响他的同时代人的那些素质。既然上述探讨容易使我们远离目标，我建议还是长话短叙。

因此，我们姑且同意，伟大人物通过两种方式影响他的同时代人，即通过他的人格和他为之奋斗的理想。这种理想可能重在强调大众中的某些由来已久的愿望，或者为他们的愿望指出新的目标，或者通过其他方法来吸引大众。有时候，单是他的人格就能产生影响，而他的理想则起到一种决定性的辅助作用，这当然是一种更为原始的效果。我们从不怀疑，为何伟大人物要跃居高层。我们知道，人民群众中的大多数人都有崇尚权威的强烈需要，他们需要一种能够崇拜、能够归顺的权威，以便受它统治，甚至受它虐待。我们已经从个体心理学研究中了解到大众这种需要的由来，它是那种人们自幼就具有的对父亲的渴望，是鼓吹打败父亲的英雄传奇中的那个被打败的父亲，现在我们开始感到，我们用以装点伟大人物的所有特色都有着那个父亲的特征，这种同一性中存在着伟大人物的本质，它至今还使我们感到困惑。伟大人物思想的果断、意志的坚强、行动的伟力，都符合那个父亲的特性；然而，除了这些特性之外，还包括他的自主性和独立性以及会走向冷酷无情的那种对于从事正确之事的神圣信念。他必须受到崇拜，他也许会被信任，但是人们无法摆脱对他的恐惧。我们本该从这个词本身就得到线索：在童年时代，除了父亲之外，谁还可能是一个伟大的人？

毫无疑问，在那些贫困的犹太劳工眼中，摩西肯定是一个伟大的父亲式的人物，他屈尊降驾前来告诉他们，他们是他亲爱的孩子。对于他们来说，一个唯一的、永恒而全能的上帝概念也是具有压倒一切的威力的。这个上帝愿意同他们订立契约，只要他们保持对他的忠诚信仰，他就保证照料他们。也许，他们觉得很难将摩西这个人的形象与他的上帝的形象区别开来，在这一点上他们的感觉是对的，因为摩西可能已经很巧妙地将自己的特征糅合进了他的上帝的性格当中，比如他暴躁易怒和嫉恶如仇的性格。当他们杀死这个伟大的人时，他们只不过重复了一桩由法律所指出的，在远古时代就曾经犯下的反抗神圣国王的罪行。正如我们所知，这桩罪行，也要追溯到更为古老的原型。〔26〕

另一方面，当这个伟大人物在人们心目中变而为神时，我们应该记住，他曾经也是一个儿子。摩西所代表的伟大宗教思想不是他自己的，就如我所述，他是从他的国王埃赫那顿那里接受下来的。埃赫那顿作为一个宗教奠基人的伟大之处毫无疑问已经得到证明，而他建立那种宗教可能是受了某些影响，那些影响是通过他母亲或通过其他方式从近东或远东传来的。

我们再也无法更深入地追溯这种线索，但是，至此为止，如果这些论据是正确的，一神教的观念就肯定像飞去来器那样飞回了原处，即它的发源地。很明显，要确定某个人在这种新思想中到底具有多大的贡献似乎是毫无结果的事情。许多人都在它的发展过程中做出了贡献。但是，要排除摩西所起过的作用并忽视他的继承者们（即犹太先知们）所取得的成就也是错误的。一神教没有在埃及生根。在犹太人抛弃了强加于他们

---

〔26〕见弗雷泽：《金枝》第192页。——原注

的这种不便且自负的宗教后，一神教在以色列也本可能遭遇同样的失败。然而，从大量的犹太人中间产生出了一批又一批新人，他们给这种正在衰微的传说增添了新的光彩，他们恢复了摩西的训诫和要求，锲而不舍，终于重振了失去的事业。在许多世纪的不断努力中，犹太人中至少发生过两次重大的改革，其中一次发生在巴比伦的流放之前，另一次在那之后。在这些改革中，犹太人中流行的对上帝耶和华的崇拜变成了对摩西曾经强加给他们的那个上帝的崇拜。这是群体中的一种特殊心理适应性的证明。这个群体形成了犹太民族，它能够孕育出许多新人。他们相信自己的民族是一个被上帝选中的民族，为了获得这种报偿，也许还为了获得其他类似的利益，他们随时都准备肩负摩西宗教的重轭。

4　精神性（Geistigkeity/spirituality）的进步

要在一个民族中取得持久的心理效果，单是使他们相信他们是上帝特意挑选的臣民显然是不够的。他们肯定要对这种说法加以验证，看它是否值得相信；并且，他们要从这种信仰中得出自己的结论。在摩西的宗教中，出埃及就是这样一个证据；上帝，或以他之名的摩西，不厌其烦地以此作为他恩宠犹太人的证明，逾越节[27]就是被设立来使人们不致忘却这一事

---

[27] 逾越节（the Passover）：犹太民族的主要节日，犹太历以此节为一年的开始，约在公历三四月间。据《圣经·出埃及记》记载，摩西领导犹太人摆脱埃及的奴役，上帝命犹太人宰羊涂血于门楣，天使击杀埃及人时见有血记的人家即越门而过，故称"逾越"。

件的，或者不如说，它是一个被赋予了这种记忆的古老节日。然而它只不过是一种记忆，出埃及属于遥远的过去，当时上帝所施的恩宠其实是并不多见的，而毋宁说以色列人民的命运则表明了他们受到上帝的轻视。原始的民族发现他们的神没有履行职责，没有保佑他们获得胜利、财富和安乐时，便惯于废黜甚至惩罚这些神；每个时代的国王也都经常被这样如法炮制，国王和上帝的古老的同一性——也就是他们共同的根源——因此看来十分明显。如果现代君主王权的光彩由于战败、割地赔款而变得黯淡，他的人民也会因此赶他下台。但是，为什么以色列的人民越被他们的上帝虐待，却越忠诚地献身于他呢？这就是我们此刻必须要保持开放的一个问题。

这可能激发我们去探究清楚，摩西宗教除了使他的人民意识到自己是"被选中的民族"而增强了自信力之外，是否没有给予他们其他任何东西？而下一个要素确实是很容易发现的。摩西宗教也给予了犹太人一种关于其上帝更为伟大的观念，或者朴素一点说，是一位更为威严的上帝的观念。任何信仰该上帝之人，都可以分享他的伟大，也就是说，都可以感受到自己的升华。不信奉这种宗教的人对此也许会不以为然，我们也许可以以英国人为例来说明这种情形。那些身居外国的大不列颠国民在面临当地的暴乱危险威胁时，会浮现出高度自信的微笑，那种自信是一些欧陆小国的臣民完全没有的。英国人胸有成竹地相信，倘若他们被触动一根毫毛，他们的政府就会派来战舰；他们也同样相信，那些暴乱分子也非常清楚地知道这一点，而小国甚至连一只战舰也没有。不列颠帝国的这种浸润在伟大性中的傲慢因此是扎根于一种意识之中的，那种意识就是大不列颠的臣民享有更多的安全和保护。关于那位伟大上帝的思想可能也是如此，以及，由于几乎不可能假定在上帝主宰世界的事务中能助他一臂之力，他们那种浸润在上帝伟大中的傲慢自然就以"被选中"的姿态表现出来了。

在摩西宗教的戒律中，有一条比初看上去具有更为重要的意义，这就是禁止制作上帝肖像的戒律。它意味着强制人们崇拜一个不可见的神。我估计，就其严格性而言，摩西在这一点上超过了阿顿神教。也许他仅仅希望保持一致：他的上帝不能有名称，也不能有可见的面容。这条禁令也许是反对滥用巫术的一项新的预防措施；然而，一旦这条戒律被接受了，它就必然要产生一种深远的影响，因为它标志着感官知觉要让位于某种抽象思想，它是精神性对感觉官能的胜利，更确切地说，它是一种伴随着其心理学必然结果的驱力放弃。[28]

为了使这些乍一看去缺乏说服力的理论更为令人信服，我们必须回顾人类文化发展过程中的某些具有同类特征的其他过程，其中最早而且最重要的过程只可能从原始时期的混沌状态中一窥大概，它那惊人的后果使我们确信它曾经发生过。在我们的儿童中，在成年神经症患者中，也和在原始人中一样，我们发现了一种同样的灵魂现象，我把它称之为信奉"思想万能"（Allmacht der Gedanken/omnipotence of thoughts）。我们认为，这是由于人类过高估计了自己的灵魂（在此种情况下是

---

[28] 我用这个术语（Triebverzicht）表示："放弃某种来源于驱力要求的满足。"——原注

指智识部分）对外部世界施加影响的能力。所有的巫术（科学的前身）基本上都建立在这类前提下，言辞（Worte/word）的一切魔力都产生于此，就同相信与知识有关的力量和念诵某个人的名字就会产生力量是一样的。我们猜想，"思想万能"是一种人类在发展语言的过程中所具有的傲慢的表达，因为这个过程使他的智识功能得到了突飞猛进的发展，一个崭新的精神领域从此展现在他的眼前；与那些只涉及感官直接感觉的低级心理活动相比，这个领域中的概念、记忆和推论等开始具有决定性的意义。这当然是在成为人的过程中最重要的阶段之一。

另一个较后期的过程具有更实在的形式。在外部条件的影响下——这里没有必要探索那些外部条件，其中有些部分也还尚未充分探明——母系社会结构被父系社会结构取代了，随之而来的自然是既存法律秩序的一次革命。我认为，这种法律革命的回声至今还能在埃斯库罗斯[29]的《俄瑞斯忒斯[30]》里听到。然而，这种从母亲转向父亲的最重要之处在于，标志着精神对感性的胜利，也就是说，它是文化中的一次进步，因为母权是由感性证明的，而父权则是基于演绎和前提下的假定。这一支持思维过程的革命使思维超越了感官知觉的高度，被证明是产生了重大影响的一步。

在上述两个过程之间的某个时期，发生了另一个事件，这

---

[29] 埃斯库罗斯（Aeschylus，约前525—前456）：古希腊三大悲剧作家之一，代表作为《被缚的普罗米修斯》。三联剧《俄瑞斯忒斯》反映了父权制对母权制的胜利和法治精神对血族复仇观念的胜利。
[30] 俄瑞斯忒斯（Orestes）：一译奥列斯特。希腊神话中阿伽门农之子，阿伽门农被妻子克吕泰墨斯特拉谋杀后，他为父报仇，杀死亲母，因此受复仇女神惩罚，变成疯子。后为女神雅典娜赦免，归国继承父位。

个事件与我们在宗教史中研究过的那些事件有着更为紧密的关系。人类发现自己不得不承认存在着"精神性的"（geistige）力量，也就是说，这类力量无法被感官觉察，尤其无法被视觉发现；然而，它们却毫无疑问地起着极其强大的作用。如果我们可以相信语言的证据，语言就是通过空气的运动形成了精神性（Geistigkeity）的意象，因为精神（Geist）这个词就来自风的呼吸——"animus"，"spiritus"，以及希伯来词语"ruach"（呼吸）都有这个意思。于是，关于灵魂的概念便作为个体人的精神原则而诞生了。观察也会发现在人的呼吸中的空气运动，而人在死亡时就停止了呼吸；直到今天，人们也会说，一个垂死之人"呼出了他最后的灵魂（Seele）"。至此，精神的领域向人类敞开了大门，他也做好了准备，要将他在自身中发现的灵魂赋予大自然中的一切事物，整个世界从此变得生机盎然（Beseelt/animated），而很久之后才兴起的科学在再度为这个世界的一部分消除其灵魂时，就有了大量的工作去做，而且时至今日，这一工作也还没有完成。

　　由于摩西戒律的禁令，上帝被抬高到了一种更高的精神性水平；上帝概念进一步改变的大门打开了，这一点我以后还要谈到，目前我们将探讨它的另外一个作用。所有这些精神性的进步都增强了人的自信，使他们自豪，觉得自己优于其他那些停留在感官束缚之下的人。我们知道，摩西曾经使犹太人树立了他们是上帝选民的自豪感；通过消除上帝的物质性，他为犹太民族的这种隐秘财富做出了新的、无可估量的贡献。犹太人保存了他们偏重精神财富的倾向，整个民族政治上的不幸教育了他们珍视自己保有的唯一财产——所写的记录——的真正价值。在耶路撒冷的庙宇被提图斯[31]所毁之后，拉比约翰兰·本·萨凯（Jochanan ben Sakkai）立即申请在雅布内（Jabneh）开设了第一所学习《摩西五经》的学校。从那时起，就是《圣经》这部书以及对它的学习把这个四散的民族维系在了一起。

上述这一切都是人们普遍了解并接受的，我只希望补充一点，这就是：富有犹太民族特征的所有这些发展过程，都是由于摩西戒律禁止崇拜有形的上帝而引起的。

两千年来，犹太民族对精神力的追求当然产生了效果，它已经帮助筑起了阻挡野蛮暴行的屏障；而对暴力的偏爱则通常产生在崇尚体育运动的民族之中。希腊人所取得的那种精神和身体活动的和谐发展，犹太民族没有能够达到。在这种冲突中，他们多少偏向了更有文化意义的方面。

5　驱力放弃

为什么精神力的进步和感官居于从属地位能够提高个人和民族的自信力？这是一个非常难于理清的问题。要解答这个问题，似乎必须先有一个明确的价值标准，以及使用着这个价值标准的另一个人或组织。为了寻求答案，我们现在求助于个体心理学中的一种类似情况，这种情况是我们已经研究过并且理解了的。

当它我对人提出爱欲性（erotischer/erotic）或攻击性驱力要求时，支配着思维构造和肌肉神经运动的我所能做出的最简

---

[31] 提图斯（Titus, 39？—81）：罗马将军及皇帝，在位期为79—81年。

单和最自然的反应,莫过于用行动来满足这种要求。我感到满足这种驱力是愉快的,而不满足它则无疑会导致不适。由于某些外部障碍的原因,我也可能避免满足这种驱力,也就是说,当它意识到在满足该驱力的行动过程中可能会给自己带来严重危险时,它就不会去满足驱力性要求。这种抑制满足的情况就是我们所说的由于外部障碍而引起的"驱力放弃"(Triebverticht/instinctual renunciation)。它服从着现实原则的约束,永远都是不会使人愉快的。如果我们不能成功地通过能量的移置来减弱这种驱力要求自身的强度,驱力放弃就会造成持续痛苦的紧张状态。其他的一些我们称之为内部动机的东西也可能把这种驱力放弃强加给我们。在个体成长过程中,外部世界的一部分抑制性力量会内化,在我之中创立出一种新的机构,它通过观察、批评和抑制来反对我的其他组成部分。我们把这种新机构称为超我。从此,我在承担起满足驱力的任务之前,不仅必须考虑外部世界的危险,而且要考虑超我的反对意见,因此,它有更多机会来控制自己去满足驱力。然而,由于外部原因而引起的驱力放弃仅仅是令人痛苦的,由于内部原因引起的放弃则因为服从超我的要求而产生了另外一种经济性结果。除了造成不可避免的痛苦之外,它还为我带来一种愉快,这种愉快可以说是一种替代性满足。我因此感到升华,为这种放弃而骄傲,将其视为一种可贵的成就。我们认为我们能够了解这种获得愉快的机制。超我就好像是监督着人们幼年期行为的父母(和教师)的继承者和代表,它几乎一成不变地行使着自己的功能,它使我持续地处于依附状态并且对之不断施加稳定的压力。这个我就像在儿童期一样得到关照,要保持对主人的爱。我对于超我的赞赏会感到放松和感激,对于超我的指责会感到良心方面的刺痛。当这个我为了超我做出牺牲,放弃了驱力满足之后,它期待着获得更多的爱来作为报偿,它觉得应该获得这种爱的意识被感知为一种自豪感。当这个权威还未被内化为超我的时候,那种要丧失爱的威胁和驱力性要求之间的关系可能是相同的。如果一个人出于对父母的爱而做出一种驱力放弃,他就会产生安全感和满足感。只有在上述权威本身已经成为这个我的一个组成部分之后,这种快乐的感觉才能获得特定的骄傲感的自恋特征(Narziβtischen Charakter/narcissistic character)。

　　这种关于通过驱力放弃获得满足的解释怎么帮助我们理解我们想要研究的过程呢?也就是说,精神性的进步怎么可能使自信力增强呢?很明显,这些解释收效甚微,因为这个问题的情况完全不同,其中没有驱力放弃,也没有这种牺牲所为之奉献的第二个人或者更高的机构。上述第二种说法将很快表明是值得怀疑的。人们也许会说,那个伟大的人就是权威,所有的努力都是为他做出的;既然这位伟人是作为父亲的替代物而获得这种权威的,那么他在群体心理学中获得超我的角色,我们也不必为此感到惊奇。因此,就摩西这个人和他同犹太民族的关系而言,这种解释是适用的。然而,我们在其他方面似乎并没有可类推之处。精神力的进步就在于决意反对直接的感官知觉而支持所谓更高级的智识进程——也就是说,支持记忆、反思和推论等过程。这方面的一个例证就是确定了父亲的地位比母权更重要，虽然前者不像后者那样可以通过感性得到证实。这就是孩子必须跟从父姓并且作为父系继承人的原因。我们还可以举一个例子：尽管上帝像风暴和灵魂一样无形无影，他却是最伟大而且最全能的。放弃性欲的或攻击性的驱力要求似乎是与此完全不同的事情。在精神性进程的许多例子中——比如在父权取得胜利的例子中——我们无法指出提供了用以衡量价值标准的权威是什么，在这种情况下，权威不可能是父亲本身，因为只是这种进程本身才把他抬高到权威地位的。我们因此又面对着下述现象：在人类的发展过程中，感官的世界逐渐被精神性所统治，而人类会为这进程中的每一步都感到自豪和升华。然而，人们并不明白为什么应该如此。再后来，精神力本身被那种完全神秘的信仰的情感现象所压倒，这就是众所周知的知其荒谬而故信之的现象。无论谁达到这个境界，都会把它看作是最高的成就。也许，对于所有这些心理学情境而言共同的东西是某种其他的东西；也许人类仅仅是宣称，更高的成就就是更难取得的东西，他为之感到的自豪仅仅是由于他意识到克服了困难而增强了的自恋。

这些思考当然不是卓有成效的，人们也许会认为，它们和我们所要考察的是什么决定了犹太人性格的这个议题毫无关系。这种看法只会对我们有利。不过我们在后面将要更加深入考察的一个事实将会表明，这一思维序列与我们的问题有着特定的关系。在许多世纪的过程中，这种一开始就禁止制作自己上帝肖像的宗教越来越发展成了一种驱力放弃的宗教。这不是因为它要求禁欲，虽然它满足于在很大程度上限制性自由。然而，上帝却是完全脱离了性欲的，并且上升到了伦理性完美的理想高度。然而，伦理是一种对于驱力的限制。《旧约》中先知所写的预言不厌其烦地强调说，上帝对他的选民们别无所求，只要求他们过一种正义和富有德行的生活，那就是说，戒绝所有那些即使在今天也会被视为邪恶冲动的驱力满足。与这些伦理要求的严肃性相比，即使是对于信仰的要求似乎也退居次位了。如此，虽然驱力放弃并未出现在宗教的开端，然而却在其中发挥了突出的作用。

在此我们应该予以声明以便避免误解。尽管驱力放弃和以此为基础的伦理似乎并非宗教的实质，然而从根本上来说，它们仍然与宗教紧密相关。图腾崇拜，作为我们所知最早的宗教形式，包含着大量法律和禁令，作为其制度不可或缺的部分，它们清楚明确地只要求驱力放弃。在这一图腾崇拜制度中，包含着反对宰杀和伤害图腾动物的禁令，包含着外婚制，也即放弃对于同部落中母亲和姊妹们的激情欲望，包含着赋予同一部落的所有兄弟同等权利，也即限制采用野蛮暴力来解决争端的冲动。在这些规则中，可以看到道德和社会秩序的最初开端。这里我们注意到两种不同的动机发挥了作用。上述禁令前两项都符合那个已被杀害的父亲的愿望，也可以说，它们延续了他的意志。第三条禁令，即给予兄弟平等权利那一条，则忽视了父亲的愿望。它的意义在于需要永久保持父亲死后才被建立的新秩序，否则就会无可避免地恢复原来的状态。这里，社会性要求（sozialen Gebote/social commands）就和其他的要求，如我们所看到的那些直接起源于宗教情境下的要求，区分了开来。

在人类个体的这个简短发展过程中，我们重述了那一过程中那些最重要事件。其中，同样是父母的权威——本质上是握有惩罚大权的父亲的权威——要求孩童的驱力放弃，并且决定着允许和禁止的范畴。后来，当社会和超我取代了父母的地位之后，在孩童那里被称为"良好行为"或"调皮"的行动，就会被称为"善"与"恶"，或者是"有道德的"和"邪恶的"。但是，这同样是由于权威的出现而引起的驱力放弃，只不过这时的权威是父亲的代替和继续。

当我们探究神圣性（Heiligkeity/sanctity）这个特殊概念时，我们对这些问题的看法就会更加深入。与我们高度尊敬并认为重要的其他事情相比，到底什么东西显得"神圣"（heilig）？一方面，神圣与宗教之间的联系是明显的，这种联系被特意强调以表现其明显。每件与宗教相关的事物都是神圣的；这是"神圣"的核心。另一方面，无数力图使其他许多东西——比如与宗教毫无关系的个人、机构和事务等——带上神圣特征的主张却扰乱了我们的判断。这些努力通常带有明显的倾向性意图。我们从那紧紧附着于宗教的禁令的特征入手。神圣的东西显然是某种不能触摸的东西，一种神圣的禁令具有非常强烈的情感色彩，但是实际上却并没有理性基础，要不然同女儿或姊妹的乱伦为什么会是极恶之罪，远远严重于其他任何性关系的罪恶？当我们要求得到某种解释时，人们当然会说，我们所有的感情都对这种罪恶深恶痛绝，然而所有这些都只是意味着这条禁令是不言自明的，我们并不知道怎样解释它。

这种解释是虚无缥缈的，这一点很容易证明。我们认为触犯了自己情感的东西在古代埃及和其他早期民族的统治家族中曾经是一种普遍风俗，或者说是一种神圣的传统。当然，每个法老都以他的姐妹作为自己的第一个和最重要的妻子，法老的继承者们，希腊种族的埃及托勒密王公们[32]，都毫不犹豫地追随着这种榜样。至此，我们似乎看清了乱伦——在这种情况下是兄弟姐妹之间的乱伦——是一种特权，普通人被禁止享有，而只保留给作为诸神之代表的国王们。希腊和日耳曼的神话中也毫无例外地存在这种乱伦的关系。我们可以推测，在现今的高层贵族中，那种对于门当户对的焦虑关注是这种古老特权的残留物；而且我们观察到，在上流社会圈子中，由于许多世代近亲繁殖，今天欧洲那些头戴皇冠的人实际上是同一个家庭的成员。

指出诸神、国王和英雄们之中存在着乱伦关系有助于形成我们对此问题的另一种解释，也就是说，使我们能够从生物学的角度来解释乱伦恐惧，并把它追溯至一种关于近亲繁殖所导致的危害的朦胧知识。然而，就连我们现在也还不十分清楚近亲繁殖到底潜伏着什么危险，更不必说原始民族能够认识到这一点并注意防止它了。在确定允许还是禁止的亲属关系层级中的不确定性，和那个把"天然感情"作为乱伦恐惧最终基础的论证一样，都没有什么结果。

我们对史前史的重新构想强迫我们接受另一种解释。外婚制，也即乱伦恐惧的消极表达，是父亲意志的表达并且在对他谋杀后被延续了下来，它的反面表现就是对乱伦的恐惧。由此

---

[32] 埃及托勒密王（Ptolemy）：从公元前323年至前30年，埃及王朝诸王皆属希腊种族，克利奥佩特娜（Cleopatra）为最后一代。

而来的是其情感性的强度和理性动机的不可能性——简言之，其神圣性。我应该自信地预料，对所有其他神圣禁令的研究将会得出与乱伦恐惧相同的结果，也就是说，神圣的东西从根源上说只不过是那位原始父亲的持续的意志。这也可以说明"神圣"这个词迄今无法解释的矛盾性（ambivalence），这种矛盾性支配着人与父亲的关系。拉丁语"sacer"这个词不仅意味着"神圣的""受祝福的"，同样还包含着我们只能翻译为"邪恶的""受诅咒的"〔例如财迷心窍（auri sacra fames）这句俗语〕。父亲的意志不仅是人们必须高高尊奉、不能触摸的东西，而且是使人们不寒而栗的东西，因为它迫使人们做出痛苦的驱力放弃。摩西把割礼风俗介绍给他的人民，使他们变得圣洁，我们现在才理解到这种托词之下的深层含意。割礼是阉割的象征性替代物，是那位原始父亲在许久之前就随心所欲地施予他的儿子们的惩罚；无论谁接受这种象征符号，都表明他愿意屈服于父亲的意志，尽管它是以痛苦的牺牲作为代价的。

现在让我们回到伦理学上来。我们可以下结论说，由于区分清楚了共同体（Gemeinschaft）对于个体的权利，个体对于社会（Gesellschaft）的权利以及个体互相之间的权利，我们已经从理性的角度为部分伦理戒律提供了解释。然而，那些显得神秘、浮夸而且带有神秘之自信的戒律，却是由于与宗教的联系而获得其特征的，它们的根源即在于父亲的意志。

6 宗教中的真理

我们这些几乎没有信仰的人，怎么可能嫉妒那些笃信上帝存在的人呢？整个世界对他来说都不成问题，因为这世界上的一切都是他创造的；同我们竭尽全力所做的矫揉造作而又破绽百出的贫乏解释相比，那些信徒确定不移的教义是多么深思熟虑、巨细无遗而又确定无疑啊！神圣的上帝，他本身就存在着伦理性完美的理想，他已经把这种理想撒播到人类的灵魂中，同时也播下了追求这种理想的冲动。人们立刻就能感知到什么是崇高与高尚，什么是低贱与卑劣。人们的感情生活是以同这种理想的距离远近来衡量的。当他们趋近它——也即在近日点——的时候，这种理想使他们得到极大的满足；而当他们远离它——在远日点——的时候，他们就会被严重的痛苦所折磨。所有这些是那样简单明了，坚如磐石。如果某些生活经验和对大自然的观察使我们不可能接受这种最高存在的假设，我们只有觉得遗憾。似乎这个世界上的问题还不够多，我们还必须弄清楚那些笃信上帝的人是怎么获得这种信仰的，这种信仰又是从哪里获得了那样巨大的力量，使它能够压倒理性和科学。[33]

　　让我们回到这个至今一直牵绊着我们的更恰当的问题上来。我们打算说明犹太民族特殊性格的来源，在很大程度上说那就是使他们的民族幸存至今的东西。我们发现，摩西给他们带去了一种宗教，这种宗教极大地提高了他们的自信心，使他们坚信自己优于其他民族，从而创造出了那种特殊的性格。他们通过与其他民族的隔绝而生存下来，血统的混杂也没有对他们造成什么影响，因为使他们结成一体的是某种理想的东西，

---

〔33〕这是对《浮士德》(Faust)的"既蔑视理性，又蔑视科学"一段的提示。——英译本注

他们共同具有的是某些智识的和情感的价值。摩西宗教之所以产生这种效果是因为：（1）它允许它的人民共同接受关于上帝的新概念的伟大之处；（2）它坚持说这个民族是被伟大的上帝选择的民族，最终肯定会享受上帝特别恩宠的果实；（3）它迫使这个民族产生了精神性的进步，这种进步本身具有重要意义，也进一步开辟了尊重智识活动的道路，以及通向驱力放弃的道路。

这就是我们已经达到的结论。不过，尽管我不想自食其言，却还是禁不住认为这种结论不能完全令人满意。可以说，其中的原因和结果并不一致。我们正在力图解释的事实和我们通过解释的方法所借用的所有事物，似乎并不匹配。至此为止我们全部的研究工作是否并没有发现那个整体动机，而只是发现了一种肤浅的表象？是否在这种表象之后潜伏着另一种非常重要的因素等待着我们的发现？鉴于生活和历史中所有原因的极其错综复杂的情况，我们本来应该预料到有这样的可能性。

在前文的某些段落中我们已经开始触及这种深层动机。摩西的宗教并没有立刻产生影响，而是以一种非常奇怪的非直接方式获取了其成果。这并不意味着它自身没有产生后果。它花费了很长的时间，许多个世纪才做到了这一点；不言而喻，任何民族的性格发展，都是需要很长时间的。然而，我们指的却是从犹太宗教史中所取得的事实，或者，如果人们愿意，也可以说是我们给犹太宗教史加上的事实。我说过，犹太民族经过一段时期之后摆脱了摩西的宗教；我们无法搞清楚，他们到底是全部摆脱了它呢，还是保留了它的某些戒律。在夺取迦南那段长时期中，以及和定居当地的民族斗争时，耶和华宗教与其他太阳神教并没有本质区别，尽管后来所有的文字记载都着意淡化这段不光彩的往事，我们接受这种假设时是有历史依据的。但是，摩西的宗教毕竟没有消亡，某种关于它的记忆幸存下来，虽然得到了遮掩和改造，却可能也得到了祭司阶层的某些成员经由古老抄本而产生的支持。正是这种关于伟大往事的传说在暗地里持续地发挥着作用，它慢慢地在人民心中产生了越来越大的影响，最后终于成功地把上帝耶和华变成了上帝摩西，而且把摩西在许多世纪之前建立的，又被他们抛弃的宗教带回到了生活之中。

在本书的前面部分，我们已经讨论过，如果想要理解这样的一种传统中的成就，那么这种假设就是不可避免的。

7 被压抑意识的再现

在对灵魂生活进行分析研究使我们得以了解的那些进程中，存在着许多彼此类似的进程，其中一些被称为病理性的，其他的则被视为各种正常的进程。然而，这种分类无关紧要，因为两者之间的区别并没有严格限定，而且两者的机制在某种程度上说是相同的，更为重要的问题在于，我们所探讨的那些变化是发生在我之中呢，还是以外来者的身份与我对抗？在这后一种情况下，它们被称之为症状。我将从我所掌握的充足材料中选出一些涉及性格形成的病例。

某个年轻姑娘发展出了同她母亲极端相反的性格，她培养自己具备了母亲没有的所有各种素质，同时避免了可以让她想起自己母亲的所有素质。在她幼年的时候，她像其他任何女孩子一样，认同于自己的母亲，现在却逐渐起劲地反抗这种认同了。然而，当这个姑娘结了婚，成了妻子和母亲之后，我们却惊奇地发现，她变得越来越像她自己感到格格不入的母亲了，她原来克服了的那种对母亲的认同最终又明显地占了上风。男孩当中也有类似的情形，就连伟大的歌德也是如此。他在天才横溢的时期当然不太尊重他那执拗而又嗜好引经据典的父亲，可是在老年的时候，他却形成了同他父亲一样的性格特征。被比较的两者之间的区别越大，这种结果就越明显。有一个青年男性，他命中注定要随一无是处的父亲生活，尽管如此，他却长大成为一个能干的、值得信任而且很受尊重的男人，可是在他壮年的时候，他的性格发生了变化，从那时起，他为人处事好像总是以他父亲作为榜样了。为了不至于离题太远，我们必须记住，在这种过程的开始时期，总是存在着从幼年时期开始就对于父亲的认同。这种认同随后被弃绝，甚至走向了反面，可是最终又会重新显露出来。

童年生活前五年的经历会在人的一生中产生决定性的影响，以后生活中的事件无法挽回这种影响，这在很早以前就已成为一种常识。这种早期经验怎样对抗成熟时期要矫正它们的努力，我们可以谈出许多东西，但是这与本题无关。然而，我们有理由确信，当孩子们的精神器官还未能完全适合于接受某种经验时，该种经验就会产生最强烈的强迫性影响，这也许就不再是那么众所周知的了。虽然这种事实无可怀疑，但它似乎那样离奇，我们也许可以借助一个比喻使它更易为人理解：这种过程可以比作一张底片，过一段或长或短的时期它可以被显影洗印成相片。这里我可以举一个富于想象力的作家 E. T. A.

霍夫曼为例，他怀着作家所特有的自信，在我面前讲述了这个令人困惑的发现。当他仍是个幼儿，在母亲怀抱之中的时候，他曾跟随母亲坐邮政马车进行了一次为期几周的旅行。他所接收到的快速变化的景象和印象后来成为他的故事里的那些虚构人物的丰富素材。一个两岁的幼儿并不会理解他所经验的事情，也可能永远不会回忆起来，除了在他的梦里。只有通过精神分析的治疗，他才能意识到那些事件。然而，在他后来的生活中，这些事件随时都可能以强迫性冲动的形式闯入他的生活，指引他的行动，迫使他喜欢或不喜欢某些人，并且经常以某种很难从理性上加以解释的偏好来选择爱之客体。在我们的探讨中，下面两点显然是不容误解的。其一是时间的久远性[34]，我们在此把它当成一个真正的决定性因素来考虑，例如，在记忆的一种特殊状态中，也即在被我们列为"无意识"的儿童期经验中。在这种特征中，我们希望能够发现一种和我们赋予一个民族在精神生活中的传说所具有的状态之间的类似性。当然，要把无意识概念引入群体心理学不是一件轻而易举的事情。

其二，导致神经症的那些机制经常帮助我们发现自己正在寻找的那些现象。在神经症中，同样是童年期那些决定性的经验产生着持久的影响，然而在这种情况下我们注意的重点不在于那种时间性因素，而在于对抗那一事件的进程，对抗它的反

---

[34] 这里，诗人歌德的话也许可以为我们做证，为了说明他的依恋之情，他想象：
　　爱情，我们在过去的生活中都经历过，
　　你是我的姊妹或妻子。
　　见《歌德全集》魏玛版，第4卷，97页。——原注

应。我们可以像下面这样来概略表述：由于某种经验的缘故，一种要求获得满足的驱力性要求出现了。我放弃了这种满足，要么是因为这种过分的需要使它无力应付，要么是因为它在这种需要当中发现了危险，其中第一个原因是起源的原因，这两者都最终避免了危险情境的发生。我通过压抑来防止这种危险，兴奋以这种或者那种方式得到了抑制；而它的刺激，以及属于这种刺激的观察和知觉则被忘记了。但是，这并没有使上述进程终止，要求获得满足的驱力或者仍然保持着它的力量，或者将重新获得这种力量，或者，这种力量将由于一种新的情境复发出来。它将重新提出自己的要求，而且，由于达到正常满足的途径被我们称为压抑疤痕的东西所拦断，它在某些薄弱环节开辟了一条新的途径，即所谓的替代满足，这种替代满足现在表现为一种症状。这种新方法既没有得到我的同意，也没有得到我的理解。所有这些症状形成的现象都完全可以称之为"被压抑的再现"。然而，它们当中的最特别之处还在于，这些再现出来的材料与其原初形式相比，已经遭受了广泛的改装。这里也许有人会反对说，在这最后一组事实中，我已经完全偏离了正题，他们会认为上述内容与传说没有任何类似之处。但是，如果这可以帮助我们更接近驱力放弃的问题，我将不会觉得遗憾。

8 历史的真理

我所述及的所有这些心理学的题外话就是为了使人们更能相信，只有当摩西的宗教成为一种传说之后，它才可能对犹太民族产生影响。至此为止，我们还只能说这是一种可能性。然而，即便我们完全证明了这种结论，人们仍然会认为我们只满足了该工作中的质量因素，而没有满足它的数量因素。涉及宗教——当然也包括犹太教——创立的所有因素都需要某种宏大的规模，我们的解释中还没有包含这一点。此外，这些因素中还有一种也值得注意，那是一种独特的、很少有类似物的其他因素；它是唯一的、相当于从上述因素中生长出来的东西，它有点像宗教本身。

现在让我们看看，如果我们从反面来解决我们的问题结果将会如何。我们已经理解，原始人需要一个上帝来作为世界的创造者，作为部落的领袖，也作为照料他们的人。这个上帝位于那些已经死去同时依然和传统有所关联的父亲的背后。后世——例如我们的时代——的人类依然以类似的方式行动。他同样停留在幼儿状态，需要保护，甚至在他完全长大成人时也是如此；他感到自己不能没有上帝的支持。如此众多的事实是不容置疑的，但是我们并不容易理解，为何只能有一个上帝？为什么从择一神教[35]到一神教的发展获得了如此重大的意义？当然，如前所述，那些信奉上帝的人分享着他的伟大；这个上帝越有力量，他所施予的保护也就越可靠。然而，上帝的力量也无须以他是唯一的神为先决条件才能体现；如果在他之下还有其他神，许多民族就都赞美他这个主神。他并未因为其他诸神的存在而失去自己的伟大。如果这个上帝成为普遍性的，并且同等地照料所有的土地和民族，那也就意味着丧失某

---

[35] 择一神教（henotheism）：从众多神祇中特选一神来加以敬奉，但不否认其他神的存在。

些亲密关系，也就是说，人们必须和其他外人一起分享这个上帝，因此他们只能通过相信自己更受宠爱才能得以自慰。这一点能够表明，关于唯一上帝的概念标志着精神性发展的一步，但是，这一点不能被过高估计。

真正的信徒知道怎样充分填补这种动机因素中暴露出的明显破绽。他们说，唯一神的思想之所以对人类产生如此势不可当的影响，是因为它是一个永恒真理，它被长期地埋没之后，终于以席卷一切的力量重新显露出来。必须承认，我们终于找到了一个足以说明这一伟大主题及其成功影响的因素。

我也应该乐于接受这个答案，然而，我还有着自己的疑虑。这个宗教式的论证是以乐观主义和理想主义为前提的。人类智识还没有在其他方面表明它自己富有很好的觉察真理的能力，人类的灵魂也还没有表现出易于接受真理的任何独到之处。相反，普遍的经验是，人类智识非常容易在不知不觉中犯错误，并且极其容易相信符合自己愿望和幻想的东西，而不论真相是什么。这也就是为什么我们还要抱持一点保留态度。我也相信，信徒的解释中包含着真理，但是，它不是一种物质上的真理（material truth），而是一种历史真理（historical truth）。我觉得有权利纠正它在再现过程中所遭受的改装，也就是说，我不相信今天"存在"着一个伟大的全能上帝，但是我相信，在原始时期肯定有一个显得庞大无比的人存在，他被人们抬高到了神的地位，并再现在人类的记忆当中。

我们曾这样假设，摩西的宗教被抛弃并且部分被遗忘了，后来，它以一种传说的形式引起了人们的注意。我假定这个过程是一种早期过程的重复,当摩西给他的人民带去唯一神这个概念时,它并非一个全新的观念,因为它意味着复活人类家庭中的原始经验,这种经验很久以前就已从人类的意识记忆中消失了,然而它十分重要,它已经使人类生活产生了影响深远的变化,或者至少为这种变化做好了准备。我禁不住认为,它必然已在人类灵魂中留下了某些永恒的痕迹,留下了某种可以与一种传说相比较的东西。

对许多个体进行的精神分析使我们认识到,他们在几乎还不会讲话时获得的最早期印象,后来将以一种强迫症形式表现出来,尽管那些印象本身并没有被有意识地记忆下来。我们觉得,人类的最早期经验也同样如此,关于唯一伟大上帝的概念就是由此产生的。这个概念应该被看成是一种记忆;当然,它是一种被改装了的记忆,但毕竟是一种记忆。它有一种强迫性特征:它必须要被信仰。就它所遭受的改装而论,它可以被称为一种妄想(delusion);而就把过去的事物重新带回来而言,它必须被称为真理。精神病妄想中也包含着一点真理,病人的确信就由此而来,并且扩展到围绕着这一点真理的那一整个妄想性构造。

下面几页谈到的内容,几乎都是我在本书第一部分里提及过的,没有什么改动。1912年,我曾在《图腾与禁忌》一书里设想过产生所有这些影响的古代情境。在那本书中,我利用了查尔斯·达尔文、J. J. 阿特金森和罗伯特森·史密斯等人的理论,特别是利用了罗伯特森·史密斯的理论,并且把他们的理论与精神分析实践中的发现和设想结合起来。从达尔文那里,我借用了下述假设:人类最初是在小部落中生活的,每一部落都在一个年长的男性统治之下，他用野蛮的暴力实施统治，独占所有的女性，并奴役或杀害所有的年轻男性，包括他自己的儿子。从阿特金森那里，我接受了下述设想：由于儿子们的反抗，这种父权制度走到了末路，儿子们团结起来反抗父亲并战胜了他，一起分享了他的尸体。遵循着罗伯特森·史密斯的图腾理论，我认为这种原来由父亲统治的部落后来被图腾制的兄弟氏族所取代，为了能够相安无事，那些取得胜利的兄弟放弃了群体内他们本来为此而弑父的女人们，同意实行外婚制。父亲的权力被打破了，家庭开始由母权来管理。儿子们对父亲的矛盾情感在整个发展进程中都起着作用。某种动物而非父亲，被选为图腾，它代表着他们的祖先和保护神，任何人都不准伤害和杀掉它。然而，每一年中，整个氏族都要汇集起来举行一次宴会，在这次宴会上，那种被尊崇的图腾动物被宰杀来吃掉。每个人都必须参加这次宴会，它是谋杀父亲的情境的庄严重演，在这当中，社会秩序、道德法律和宗教等都得以诞生。罗伯特森·史密斯所描述的图腾宴与基督教圣餐的相似之处已经使在我之前的许多作者感到震惊了。

  我仍然坚持这种思路，由于我在该书再版时没有改变我的意见，我已经频繁地遭到攻击，因为现在许多人种学家都放弃了罗伯特森·史密斯的理论，并且在某种程度上用其他很不相同的理论来取代了它。我应该说明，我是非常了解科学领域中这些貌似进步的理论的。但是，到底是这些理论正确呢？还是罗伯特森·史密斯的理论正确？我看尚不能定论。矛盾的东西并不一定互相排斥。某种新理论也并不必然标志着进步。不过,总而言之,我不是一个人种学家,而是一个精神分析学家。我有充分的权利从人种学资料中选取对我的精神分析研究有益的资料。极富天才的罗伯特森·史密斯的著作为我的分析联系心理学材料提供了富有价值的观点,也为如何运用它提供了可贵的建议。我无法同样恭维他的反对派的著作。

9　历史的发展

我在这里不可能重述《图腾与禁忌》一书的内容,但是我必须解释清楚我所设想的那些发生在原初时代的事件和一神教在历史上的胜利之间存在着长时期间隔。在兄弟氏族、母权制、外婚制和图腾制度建立起来之后,历史上开启了一个发展阶段,我们可以把它称为缓慢的"被压抑的再现"。"被压抑的"(das Verdrängte/the repressed)这个术语在此并非在其技术意义上被使用的,而是指在一个民族的生活之中过去的、消失了的和已经被克服了的东西。我大胆地将其等同于在个体灵魂生活之中的被压抑材料。我们至今已无法说明,在原始的混沌时代中那种过去的东西是以何种心理形式存在的。要把个体心理学的概念转换到群体心理学中去并不容易。我并不认为,通过引入一个"集体的"(kollektiven/collective)无意识概念,就可以有很多收获。无论如何,无意识的内容确实是集体的,是人类普遍具有的。因此,运用类推的方法来进行研究必定可以有所帮助。我们所探讨的这种某个民族生活中的进程与精神病理学中我们所知的那些进程非常相似,但又不是全部相同。我们只能得出这样的结论,即原初时代的那些精神积淀已经成为一种遗传物，每一代新人诞生，都只须重新唤醒它，而不是被获得的。这里我们可以用语言象征手法为例来说明，它显然是与生俱来的能力，起源于语言发展期，所有的幼儿在未经特别训练之前就都具备这种能力，而不论是哪一个民族，说什么语言。至于我们尚无把握的东西，我们可以从精神分析研究的其他结果中得到。我们知道，在许多重要的关系当中，儿童对于事物的反应并不像我们预料的那样，以自身的经验为依据，而是像动物一样做出本能性的反应。这只可用种族遗传的观点才能解释。

被压抑的意识缓慢地开始出现；它当然不会是自发涌现的，而是在人类生活环境的所有变化的影响之下出现的。这些变化充满了人类的整个文明史，我在此无法逐点说明它们所依靠的那些环境，也不可能大略估计出这种再现所经过的阶段。父亲虽然又成了家族的首脑，但他再也不像原初群体中那个父亲那样握有绝对权力。在我们可以清楚分辨出的历史变迁阶段中，图腾动物被神所废黜，但人形上帝最先仍然长着某种动物的头颅；后来他惯于采用这同一种动物的化身。再到后来，该种动物对于他成了神圣之物，成了他宠爱的伴侣，或者，他被认为杀死了那种动物，占用了它的名字。在图腾动物和神之间出现了英雄，这通常是将某个个人予以神化的初期阶段。关于最高存在的观念可能出现得还要早一些，这种观念最初是模糊的，与人类的日常兴趣没有任何联系。当不同的部落和民族组织成更人的单位时，神也组成了不同的家庭和等级制度，通常，他们中的一个被抬高到统管所有神和人的地位。再下一步就是对一个唯一神的崇拜，开始时这种崇拜是犹豫的，最终人们还是做出了决定，承认所有权力都归于这个唯一的神，并且不再容许其他的神存在。只有在这个时候，那个原始父亲的威严才得以恢复，对他的那些感情才可能得以复苏。

伴随着人们长久怀念和渴求而来的这种重新融合，一开始就产生了压倒一切的影响，就如传说中描述的西奈山上立法时的情景一样。犹太人怀着崇拜、敬畏和感恩来接受上帝的恩宠，摩西的宗教对上帝父亲就怀着这样绝对的敬仰之情。犹太人就如同原始部落里那些儿子一样绝望无助，备受压迫，他们当然会毫不犹豫地承认上帝的力量是不可抵挡的，并且绝对服从于他的意志。的确，我们只有把他们转换到原初和幼儿的情境中才可能充分理解他们。幼儿的感情较成年人强烈得多，深刻得多，只有宗教狂热才可能恢复那样的强度，因此，对那位伟大父亲再现的第一个反应，就是一种献身上帝的狂热激情。

这种父亲宗教的方向就此永远固定下来了，但是它的发展并没有就此结束。这种父亲-儿子关系的实质包含着一种矛盾情感；随着时间的推移，远古时期中令儿子们杀死那位既敬又惧的父亲的那种敌意，必然要被激发起来。摩西宗教中还没有直接表现出那种杀害父亲的敌意，它只有通过一种对这种敌意的强烈反应才有可能显现：也就是因那种敌意而产生的罪恶感，那种由于反对上帝的罪恶之举以及由于不停地犯下此种罪行而导致的愧疚。先知们持续地保留了这种负罪感，使它很快成为宗教制度本身的一个重要部分。这种负罪感还有一种虚伪的目的，它很巧妙地掩盖了造成这种感情的真实原因。犹太民族备受艰难，受到上帝宠爱的希望迟迟不能实现；他们最珍爱的幻觉,即他们是上帝独宠的选民的幻觉并不容易坚持下去。如果他们期望保持幸福,那么,这种来自他们自己是此种罪人的负罪感,为上帝的严厉提供了一个受欢迎的借口。由于他们没有遵守上帝的律法,所以活该受到惩罚;满足于这种罪感的需要来自一个更深的源泉,无法得到遏制,这使得他们将自己的宗教戒律制定得越来越严厉、苛刻,但是同时也越来越狭隘。在一种新的道德禁欲主义情绪的驱使下,犹太人不断强迫自己增加驱力放弃,因此达到了——至少是在教义和戒律上达到了——古代的其他民族无法接近的伦理高度。许多犹太人把这种伦理高度的获得视为他们宗教的第二个主要特征和第二个伟大的成就。我们的研究旨在表明,它是怎样同其首要特征和成就——唯一上帝的概念——相联系的。然而,那种存在于罪感之中的伦理根源却是被压抑的对上帝的敌意,这是不容否认的。它拥有一种强迫性神经症的反应形成(Reaktionsbildungen/reaction formation)的未完成也无法完成的特征;我们也可以猜测,他们服从于获得惩罚的隐秘目的。

进一步的发展超越了犹太教。从那位原初父亲的悲剧性事件中再现出来的其他要素,绝对无法与摩西宗教相调和。在那种重要时期,上述负罪感并没有仅仅局限于犹太人,它像一种模糊的不安、一种不幸的先兆一样攫着所有的地中海民族,谁也不知道其中的原因。现代的历史学认为那是由古代文明的衰退引起的,我却认为这只触及了当时在地中海各民族中流行的颓丧情绪的某些偶然的和辅助的原因。那种颓丧情绪是从犹太人而来的。虽然不同地方的许多诱发因素为这种思潮提供了养料，然而最先敏悟到这种原因的却是一个犹太人，他就是塔索斯的扫罗（Saul），也即作为罗马公民被称为保罗的那个人。他说："就是因为我们杀死了上帝父亲，所以我们这样不幸。"现在我们可以清楚地看出，他为什么不以其他形式，却以下面这种伪装成喜讯佳音的形式来道出真情。他说："我们已经从所有罪恶中被拯救出来，因为我们当中的一个人为了补赎我们的罪恶，献出了他的生命。"这种说法当然没有提到杀死上帝的事情，但是，必须用牺牲生命才能补赎的罪恶却只可能是谋杀。并且，由于肯定了牺牲献祭的人是上帝的儿子，这种幻想和历史性真理之间的联系就被建立起来了。这种新的信念从历史真理中获取力量，使它能够克服所有的障碍。救赎的解放性的感受，取代了被选中的喜悦之情。然而，弑父的事实在重现于人类记忆的过程中，较之形成一神教精髓的这个事实而言，必须克服更大的障碍，必须承受更严重的改装。这种无法言传的罪恶被有些含混的原罪概念的教义取代了。

原罪和通过牺牲生命来拯救世人的教义构成了保罗所建立的新宗教的基础。在原始群体兄弟们杀害那位原始父亲的叛乱中，到底有没有一个领头人或煽动者？那个人物是不是后世的诗人们为了认同于这位英雄而创造出来并糅合进传说中的？这个问题只能留待讨论。基督教教义冲破了犹太教的桎梏之后，从其他许多源泉吸收了养料，它放弃了纯粹的一神教的许多特征，并且在许多特殊方面接受了其他地中海民族的典礼仪式，这就好像是埃及在对埃赫那顿的继承者那里施行了报复一样。基督教这种新宗教与父子关系中那种古老的矛盾情感达成妥协的方式是值得注意的。当然，它的主要教义是与上帝父亲重修旧好，是补赎因反抗他而犯下的罪恶；但是这种关系的另一面又在这个儿子身上表现了出来，这个儿子已经承担了这种罪恶，成了这位父亲身旁的另一位神，并且实际上取代了父亲的地位。起源于一种父亲宗教的基督教成了一种儿子宗教，它无法逃避必须废黜父亲的那种命运。

犹太民族中只有一部分人接受了这种新宗教，那些拒绝接受的人仍然被称为犹太人。经过这次决定性变化之后，他们比从前更加与世隔绝，他们必须遭受来自这种新宗教团体的谴责，即谴责他们杀害了上帝。这种新宗教团体除了犹太人之外，还包括埃及人、希腊人、叙利亚人、罗马人以及最后皈依基督教的条顿人。这种谴责的完整形式是："他们不肯承认他们杀害了上帝，而我们却承认了，并且因此涤除了这种罪恶。"这样，就不难理解该谴责的背后所潜藏的真理了。为什么犹太人未能加入到这种忏悔所指明的（尽管存在着各种化装）进步行列当中，也许将成为一项特殊研究的题目。由于这种原因，可以说他们就必须肩负一种悲剧之罪，他们已经注定要为之蒙受沉重的苦难。

我们的研究也许已经能在某种程度上表明，犹太民族怎样获得了其特殊品质。他们是如何作为一个实体存留至今的，这个问题显然并不容易回答。然而，我们不可能指望，也没有理由要求对这种谜一样的问题做出包罗万象的回答。我所能做的只是一个简单的贡献，这种贡献应该在我前文所述的重要限制范围内得到恰当的评价。

米开朗基罗的摩西[1][2]

孙飞宇 译

---

〔1〕 本文最初发表于1914年的《意象》杂志〔*Imago*, 3 (1), pp. 15-16〕。正文部分主要根据艾利克斯·斯特拉奇（Alix Strachey）1925年的英文译本〔1955年收录于"标准版弗洛伊德心理学作品全集"中的版本（*Standard Edition*, Vol.13, pp. 209-36)〕译出，同时参照了1946年收录于"弗洛伊德文集"第10卷（*Gesammelte Werke*, 10, pp. 172-201）的德语版本。本文的后记部分最初发表于1927年的《意象》杂志〔*Imago*, 13 (4), pp. 552-3〕，翻译自艾利克斯·斯特拉奇的英文译本。该译本于1951年发表在《国际精神分析期刊》（*International Journal of Psycho-Analysis*）第32卷，94页，并于1955年收录在"标准版弗洛伊德心理学作品全集"中（*Standard Edition*, Vol.13, pp. 237-38）。

〔2〕（下面这个脚注，明显由弗洛伊德本人撰写，在本文首次匿名发表在《意象》杂志时附在标题之下。——英译本注）尽管严格说来，本文的贡献并不符合本期刊所接受发表的条件，编辑们还是决定将其付样，原因在于，他们所知悉的本文作者，进入了精神分析的圈子，同样还由于他思考的态度事实上与精神分析的方法论有相当程度的类似之处。——原注

我或许开篇即应声明，在艺术上我并不是什么鉴赏家，而只是一个门外汉。我经常发现，艺术作品的主题往往会比其形式和技术水准对我具有更为强烈的吸引力，尽管对于艺术家来说，其价值首先并且最终存在于后者。我没有能力准确评价艺术所使用的诸多方法及其所取得的效果。以上陈述是为了获得读者的宽容，因为我要试图在这里做此类尝试。

话虽如此，艺术作品确实会对我产生强有力的影响，尤其是文学作品和雕塑作品，绘画作品较弱一些。在我沉思此类事物时，我会在它们面前长时间沉浸在自己的思考中，例如，解释他们的影响力来自何处。在我无法这么做的领域，例如音乐，我就几乎无法从中获得任何乐趣。我的某种理性，或许是分析性思维取向，使我在无法获知自己为何被感动和被何种内容影响了的前提下，拒绝被感动。

这让我认识到了一个明显是自相矛盾的事实：恰恰是某些最伟大、最富于影响力的艺术作品，我们的理解却仍然付诸阙如。我们崇拜他们，我们被他们所征服，却无法说明他们对我们到底意味着什么。我的阅读范围有限，无法得知这一事实是否已经得到了讨论。或许，某些美学家确曾发现，某种艺术作品若要获得极致效果，这种智识上的困惑是其必要条件。不过，我是极不愿意相信这种必要性的。

我并不是说，艺术鉴赏家们和爱好者们无法用言辞来赞美我们的这些艺术品。在我看来，他们足够能言善辩了。不过，面对一件伟大的艺术作品，他们通常会各持己见，然而却无一能够解答谦逊的敬仰者所提出的问题。以我之见，能够如此强烈地抓住我们的，只能是艺术家成功地在其作品中表达出来并且引导我们去理解的**意图**（Absicht/intention）。我知道，这不是一件仅靠智识理解的事情；作者的目的是在我们心中激发同样的情感态度、同样的心理状态（psychische Konstellation/mental constellation）——正是这种态度和状态在他身上导致了创作的冲动。但是为什么艺术家的意图不能够用言辞（Worte/words）来加以交流和被理解，就好像灵魂生活（seelischen Lebens/mental life）中的其他要素那样？或许就伟大的艺术作品而言，只有运用精神分析才能够解决这个问题。如果作品确实是艺术家意图和情感活动的有效表达，那么就必须使用这样一种分析。尽管，为了发现他的意图，我必须首先发现在其作品之中的意义和所表达的内容，换句话说，我必须能够诠释它。因此，一件此类的艺术品需要诠释，只有完成了这一诠释，我才能够知晓为何我受到了强烈的感染。我甚至冒昧希望，作品的魅力不至于因为我们成功进行了分析而有所减损。

以莎士比亚的名著《哈姆雷特》为例。这部戏剧诞生至今已经三个多世纪了。[3]我一直紧密关注着精神分析的文献进展，并且接受其观点，即悲剧的材料只有被精神分析追溯到俄狄浦斯的主题时，其影响力的神秘性才会最终得到解释。但是在完成这一点之前，有多少不同和针锋相对的解释尝试，关于其英雄性格和剧作家意图的观点又多么众说纷纭！莎士比亚代表了一个病人、一个弱者，抑或是一个对于现实世界过于友善的理想主义者而获得了我们的同情？有多少这类让我们心凉的解读！——心凉，是因为他们没有对剧作的效果做出任何解释，而只是让我们认为，其魅力仅仅来自其深刻的思想和语言的华丽。然而，这些工作难道不恰好说明，我们有必要从其中发现某种超出上述材料的力量源泉？

另外一件难以理解的艺术精品是来自米开朗基罗（Michelangelo）的摩西大理石雕像。这座雕像位于罗马的圣彼得镣铐教堂（Church of S. Pietro in Vincoli）。众所周知，这本只是艺术家为富有权势的教皇儒略二世（Pope Julius II）所建造的巨大陵墓的一部分。[4]每每读到那些称颂该雕像的评价——例如有人称赞它是"现代雕像之皇冠"（Grimm）——总是让我感到高兴，因为这一件雕像作品对我产生的影响是任何其他作品都无法比拟的。我已经记不清有多少次，我曾沿着陡峭的阶梯拾阶而上，从风景欠佳的柯索凯沃尔（Corso Cavour）到达那个被遗弃的教堂所在的孤寂广场，在那里试图承受这位英雄睥

---

[3] 最早可能上演于1602年。——原注
[4] 根据亨利·索德（Henry Thode）的说法，这一雕像建造于1512年至1516年之间。——原注

睨之中的愤怒蔑视！有时候，当我从幽暗的教堂里小心谨慎地蹑足而出，就好像我自己也成了他的目光所转向的暴民中的一员——这些暴民没有坚定的信念，既无信仰又无耐心，一旦重获其幻想中的偶像便欣喜若狂。

但是，我为什么认为这一雕像难以理解？毫无疑问，它所表现的是摩西，犹太律法的制定者，拿着刻有"十诫"的石板（the Tables of the Ten Commandments）。这些都是确定的，不过仅此而已。正如艺术批评家马克斯·索尔兰特（Max Sauerlandt）在1912年所说，"世界上没有任何一件艺术品像这位头上长角的摩西一样，得到了如此众说纷纭的评价。仅仅是对于这一形象的解读就引发了截然不同的两种观点……"。根据我在五年前发表的一篇文章[5]，我将首先讨论与摩西的这一形象有关的疑惑。我们将不难发现，在这些疑惑背后，隐藏着所有那些对于理解本作品来说最实质、最有价值的东西。

I

米开朗基罗的摩西呈现为坐姿：他的身体朝向前方，脸上长有浓密胡须，扭头向左侧看去，右脚放在地上，左腿抬起，只有脚趾接触地面。他的右臂连接着律法石板和一部分胡须，左臂放在大腿上。若要更为细致地描绘他的姿态，我就得预先提及后文将要讨论的内容。顺带说一句，不同的作家对于

---

[5] Thode, Henry (1908) *Michelangelo, Kritische Untersuchungen über seine Werke.*——原注

这一姿态的叙述可谓出奇地失当。没有得到理解的地方，被不确切地感知或者复现了。葛瑞姆（Grimm）说，"右臂下靠着法版，右手抓着他的胡须"[6]；吕布克（Lübke）也说，"极度震撼之下，他用右手捋住他那飘动的美髯"[7]；而施普林格（Springer）则说，"摩西用（左）手撑住身体，而右手则无意识地插进了他那苍劲卷曲的胡须里"[8]；贾斯蒂（Justi）认为，他的（右）手指摆弄胡须，"就好像一位情绪激动的现代人可能会玩弄他的表链一样"[9]；孟茨（Müntz）也强调了摆弄胡须这一点[10]。索德（Thode）谈到"右手置于靠在他侧面的法版上，姿态沉着坚定"[11]，和贾斯蒂以及博伊托（Boito）[12]不同，他没有发现任何激动的迹象，哪怕在右手上也是如此。雅各布·布克哈特（Jakob Burckhardt）抱怨说，"那只手握着胡须，保持了这位巨人在将头转向一侧之前的姿态。而那只健美的左臂实际上唯一的功能，就是把他的胡须按压在身体之上"。[13]

简单的描绘都各不相同，那么关于这座雕像诸多特征之意

---

[6] Grimm, H. (1900) *Leben Michelangelo's* (9th ed.), Berlin and Stuttgart, p.189. ——英译本注。（弗洛伊德在原文里有多处引用并未注明出处，英译本皆做了补充，并一一注明。——译者注）

[7] Lübke, W. (1863) *Geschichte der Plastik*, Leipzig, p.666.——原注

[8] Springer, A. (1895) *Raffael und Michelangelo*, Vol.2, Leipzig, p.33.——英译本注

[9] Justi, C. (1900) *Michelangelo*, Leipzig, p326.——英译本注

[10] Müntz, E. (1895) *Histoire de l'Art pendant la Renaissance*: Italie, Paris, p.326.——英译本注

[11] Thode, H. (1908) *Michelangelo: Kritische Untersuchungen über seine Werke*, Vol.1, Berlin, p.205.——英译本注

[12] Boito, C. (1883) *Leonardo, Michelangelo, Andrea Palladio* (2nd ed.), Milan.——英译本注

[13] Burckhardt, J. (1927) *Der Cicerone*, Leipzig (1st ed., 1855), p. 634.——英译本注

义的观点差异也就不足为奇了。在我看来，索德对于摩西面部表情的捕捉应该是最好的。他从中看到了"一种愤怒、痛苦和轻蔑的混合"，"在他威吓性的眉头紧锁中表现出了愤怒，眼神中饱含着痛苦，突出的下唇和下撇的嘴角呈现出了蔑视"[14]。不过，别的鉴赏者必定会用别种眼光来看待这件作品。正如杜帕蒂（Dupaty）所说，"他那威严的浓眉犹如透明的面纱，遮掩隐映着他那伟大的心灵"[15]。而另一方面，吕布克则说，"从那颗头上找不到任何超常智慧的迹象；他那向下弯曲的浓眉毫无意义，只能表明无尽的愤怒和无与伦比的能量"[16]。纪尧姆（Guillaume）对于这一面部表情的解读更是相去甚远。他没有发现任何情感，而"只是骄傲的纯真、卓尔不群的尊严和鲜活的信仰。摩西的眼睛看向未来，预见了他的人民繁衍生息，他的律法永恒不朽"[17]。类似地，对于孟茨来说，"摩西的目光远超人类，转向了只有他自己才能看到的神秘领域"[18]。对于施泰因曼（Steinmann）来说，这位摩西确实"不再是严厉的立法者，不再是罪恶的劲敌，不再带有耶和华的愤怒，而是一位神圣的神父，正当壮年，仁慈而又能够预知未来，浓眉上闪耀着永恒的光芒，正在与他的人民做最后的告别"[19]。

甚至还有人认为，米开朗基罗的摩西根本就无可称道，而

---

[14] Thode, 1908, p.205.——英译本注
[15] 引自 Thode, 1908, p.197。——原注
[16] Lübke, 1863, p.666-/.——英译本注
[17] Guillaume, E. (1876) "Michel-Ange Sculpteur", *Gazette des Beaux-Arts*, p.96.——英译本注
[18] Müntz, E. (1895), p.391.——英译本注
[19] Steinmann, E. (1899) *Rom in der Renaissance*, Leipzig, p. 169.——英译本注

且对此直言不讳。例如一位评论家在1858年的《评论季刊》（Quarterly Review）上说："总的来说缺乏意义，这就使其无法成为一个自足的整体……"我们还很震惊地得知，还有人也认为这尊摩西像一无是处，令人反感，还抱怨其形象凶恶，头部形象犹如野兽。

那么，是否这位大师确实在那石头上雕刻出了含混不清、模棱两可的形象，并因此招致了如此之多各种不同的解读呢？

然而，无论如何，另外一个问题又出现了。这个问题包含着第一个问题。米开朗基罗是在这尊摩西像中有意创造一种"关于性格和精神气质的永恒作品"，还是将其刻画为处于生命中的某个特定的、高度重要的时刻？大部分评论家都同意后一种意义，并且认定了艺术家将其镌刻于石、使之永恒不朽的是摩西生命中的哪一刻。这一时刻便是，当摩西从西奈山上接受了来自上帝的法版，下得山来的时候，他得知他的人民同时自己铸造了一个金牛犊，并且正在围绕着它欢庆起舞。这正是他的目光转过去所看到的场景，也唤起了呈现在他面庞上的种种感情——这些感情在下一刻将会引发他暴烈的行动。米开朗基罗选择了这最后一刻的犹豫瞬间，暴风雨来临前最后的平静，来作为他的表达主题。在下一刻，摩西将会一跃而起——他的左脚已经离开了地面，将法版摔向地面，并向他那些没有信仰的人民大发雷霆。

在支持这一解读的学者中，再度出现了多种不同的观点。布克哈特写道："在那一刻，摩西似乎被呈现为看到了对金牛犊的崇拜，正欲起身。他的形象由于一个即将爆发的强烈行动而极富感染力,而他所具有的身体力量又让我们战战兢兢地等待着这一爆发。"[20]

吕布克说:"仿佛在这一刻,那炯炯有神的目光看到了崇拜金牛犊的罪恶,他心神激荡。在极度震惊之下,他的右手抓住了那飘动的美髯,似乎要暂时再控制一下自己的行动,以便在下一刻让他的怒火更加猛烈地爆发出来。"[21]

施普林格同意这一观点,但是提到了一个疑虑。我们将在本文后面关注这一疑虑。他说:"这位英雄怒火中烧,激动不已,难以遏止内在的情感……我们不由自主地被带入了一个戏剧性的场面,不由得相信,这座雕像所表达的是摩西看到以色列人崇拜金牛犊的那一刻,正要大发雷霆。确实,这一印象并不容易和艺术家的真实意图相符合,因为这尊摩西像和其他五座位于教皇陵墓上方的雕像一样,主要是被用以起到装饰效果的。但是这尊摩西像上却非常令人信服地表现出了活力和个性。"[22]

有一两位作家,虽然并未接受这一金牛犊的理论,却也同意其主要观点,即摩西正要起身采取行动。用葛瑞姆的话来说,"(摩西的)这个形象充满了一种威严,一种自信,一种天下惊雷都尽在掌握的感觉,然而在雷霆爆发之前,他尚在克制自己,等着看他要灭亡的仇敌是否胆敢攻击自己。他坐在那里,似乎正要站起来,他那高傲的头颅从肩膀上昂扬起来,右臂夹着法版,右手抓住波浪般飘荡在胸前的重髯,他的鼻孔张

---

[20] Burckhardt, 1927, p. 634.——英译本注
[21] Lübke, 1863, p.666.——英译本注
[22] Springer, 1895, p.33.——英译本注

开,嘴唇的样子仿佛有话要脱口而出"。[23]

希斯·威尔逊（Heath Wilson）认为,摩西的注意力被激发了出来,他正要跳起身来,却仍在犹豫;他那蔑视与愤怒交织的眼神,仍有可能变为一种怜悯。[24]

沃尔夫林（Wölfflin）谈到了"抑制的行动"（gehemmter Bewegung/inhibited movement）[25]。他说,这种抑制的原因在于这个人本身的意志;在他发作跳起身来之前,这是他自我控制的最后一刻。

就把这尊雕像解读为摩西看到金牛犊的行动而言,贾斯蒂的理解走得最远。他指出迄今为止尚不为人所关注的几处细节,并且将其纳入了他的假设。他向我们指出,那两块石板的位置非同寻常,因为它们即将滑落到石座上。"'他'（摩西）可能正看向喧嚣传来的方向,脸上出现了不祥的预感,或者可能是看到了令他嫌恶的事物,让他感受到了打击。他的颤抖中带着惊恐和痛苦,身体沉了下去。[26] 他已经在山上逗留了四十个昼夜,疲惫不堪。恐惧,命运的突变,罪恶,甚至是幸福本身,都在刹那间被感知到,但是却无法抓住其本质,一窥其深奥或者探究其后果。在一瞬间,对于摩西来说,似乎前

---

[23] Grimm, 1900, 189.——英译本注
[24] Wilson, Charles Heath (1876) *Life and Works of Michelangelo Buonarroti*, London, p.450.——英译本注
[25] Wölfflin, H. (1899) *Die klassische Kunst: eine Einführung in die italienische Renaissance*, Munich, p.72.——英译本注
[26] 需要指出,这尊坐像膝头上披风的巧妙设计,就使得贾斯蒂观点的第一部分并不成立。相反,我们会据此认为,摩西首先是被表现为安静坐在那里,然后才被某些突然的发现所惊动。——原注

功尽弃,对自己的人民完全绝望了。在这样的时刻,其内心感情不由自主地从一些小动作中显露了出来。两块石板从右手滑到石座上。它们的一角落在那里,他用前臂将其夹在身侧。然而,他的手却伸向前胸,接触到了胡须,并且通过转头看往观众的右侧,将胡须挽向左边,打破了这件男性装饰物的对称性。他的手指似乎正在玩弄胡须,就好像现代的人在愤怒时会玩弄表链一样。他的左手埋在下身的衣服之中——在《旧约》里,脏腑乃是情感的所在地——但是左腿已经收回,右腿向前伸出去;在下一刻,他将会起身,他的精神能量将会从感情转化为行动,他的右臂将要动起来,石板将会跌落到地面,可耻的亵渎将会通过鲜血的喷涌而赎罪……""这还不是行动的紧张时刻。灵魂的痛苦仍然主宰着他,令他几乎当场瘫痪。"[27]

除了并没有在叙述的开始引入那个疑点,并且进一步讨论法版下滑这一点,科纳普(Knapp)也持有同样的观点:"他刚刚还和他的上帝单独在一起,现在被世俗的声音吸引了注意力。他听到嘈杂的声音,歌唱和舞蹈的噪声让他从梦中惊醒;他转头看向喧闹声音的方向。一瞬间,惊恐、愤怒和不可遏制的情感在他伟岸的身躯里交织在一起。法版开始下落,并且将会在他起身向他那些堕落的人民大发雷霆的时候,落在地面上摔碎……所选择的是一个最紧张的时刻……"[28]科纳普强调的是动作的准备,所以并不同意那个观点,即该雕像所表现出来的是由控制激愤而来的最初抑制。

---

[27] Justi, 1900, pp.326-7.——英译本注
[28] Knapp, F. (1906) *Michelangelo*, Stuttgart and Leipzig, p.xxxii.——英译本注

不可否认，贾斯蒂和科纳普所尝试的诠释在某些方面极其令人着迷。这是因为他们并没有仅仅止步于分析这一形象的一般效果，而是基于其中的各个特征来加以分析。这些特征往往会由于该雕像给人留下的整体印象而不会得到关注，就好像受其遮蔽了一样。头部和视线明显转向左侧，身体同时前倾，这说明正在休息的摩西突然在那一侧看到了什么，吸引了他的注意力。抬起的脚只能说明他正准备起身。[29]我们只有假定两块法版是在持有人激愤之下而滑落，并且最终将要跌落地面，那不同寻常的拿持方式（因为它们是最为神圣之物，所以并不能像任何其他寻常之物那样被设计构图），才能得到充分的说明。根据这一观点，我们可以相信这一雕像代表了摩西生命中一个特殊而重要的时刻，我们也就清楚了，那到底是一个什么样的时刻。

但是索德的两个说法让我们对原以为确信的知识产生了疑问。这一评论说，在他看来，两块法版并非滑落，而是被"牢牢夹住"。他指出那"靠在法版之上右手稳健的姿势"。[30]如果我们亲自看一下雕像，就不得不承认索德的说法是完全正确的。法版被放置得非常稳固，没有滑落的危险。摩西的右手支撑着法版，或者说它们支撑着摩西的右手。这一点确实没有解释它们被持有的位置，但是这一姿势也不能被用以支持贾斯蒂或其他学者的解读。

第二个观察更加具有决定性。索德提醒我们，"这尊雕像

---

〔29〕 即便在美第奇教堂（Medici Chapel）里呈现为平稳坐姿的朱利亚诺（Giuliano）的雕像，左脚也是类似从地面抬起的。——原注
〔30〕 Thode, 1908, p.205.——英译本注

在原本的计划中是六座中的一座，并且其本意就是坐像。这两个事实都有悖于那个观点，即米开朗基罗本想记录下一个特定的历史时刻。因为按照第一种想法，塑造一组人的坐姿形象——作为行动生活（vita activa）和作为沉思生活（vita contemplativa）——这一计划，就排除了表现一个特殊的历史事件的可能。而且，第二个事实，即这一坐姿的形态，是整个雕像艺术构思的要求，这本身就和那个事件的性质相矛盾，即摩西从西奈山上下来进入营地的事件"。

如果我们接受索德的异议，那么就会发现，可以再增加这一说法的分量。摩西像本来是要和另外五尊塑像（或者根据一张后来的速写图是三尊）一起安置在陵墓底座作为装饰的。它正对着的应该是保罗像。另外一对代表了生命活力和沉思的，是利厄和雷切尔（Leah and Rachel）——确实是站立像——被安置在陵墓上方，现在依然存在，只不过处于一种令人遗憾的未完成状态。如此一来，摩西像就构成了整体的一部分。我们不能想象，这一雕像本意在于激发观赏者做出如此的期待：它表达了一种正要从座位上起身冲过去，制造一场自己的骚乱的意思。如果其他几尊塑像并没有要表达出采取激烈行动的意思——而且似乎确实如此——那么其中一座让我们想到要离开它和其同伴的位置，事实上就是要放弃它在整体框架中的角色，会产生一种非常糟糕的印象。这样一种意图会产生一种混乱的效果，我们不能指控一位伟大的艺术家犯下如此的错误，除非事实确实如此。一尊处于立刻要离开状态的塑像，与这座陵墓要在我们心中所激起的精神状态是完全不相符合的。

因此，这尊摩西像不能被认为是要起身；他必须要像其他雕像以及原计划中的教皇像（不过教皇像并非由米开朗基罗本人所雕刻）一样，保持其庄严的姿态。如此一来，我们所看到的这尊塑像就不再是一个充满愤怒的人，不再是摩西从西奈山上下来，发现他的人民失去了信仰并且摔碎了法版的时刻。而且，我迄今依然能够回忆起，在我最初对圣彼得镣铐教堂的那些拜访之中，我曾经坐在这尊雕像前，期待着看到它是如何站起来，摔碎法版，爆发怒火，然而这样的事情并未发生。相反，这一石像变得越来越稳固，散发出一种摄人心魄的庄严神圣性，我不得不承认，这其中表达了某种永恒不变的东西；这位摩西会永远带着他的怒火，保持着这种坐姿。

不过，如果我们必须放弃如下这一解释，即这座雕像表现的是摩西在看到金牛犊之后正要爆发怒火，那么我们就只能接受另外一种界定，将其视为一种表现性格的作品。索德的观点看起来是最有道理的，并且最能解释雕像动作的意义。他说："像通常一样，他在这里关注的是表现一种特定类型的性格。他创造了这位充满激情的人类领袖的形象。这位领袖明了自己作为立法者的神圣职责，直面了来自并不理解他的人们的反抗。表现此种类型行动者的唯一方法，是要强调他意志的力量。正如我们在他的转头、肌肉的紧张和左脚的姿态中所看到的，这一点是通过弥漫在其表面静意整体之中的动意来完成的。这些同样明显的特征，我们也可以在佛罗伦萨美第奇教堂的'行动者'（vir activus）那里再度见到。通过强调在这位改革天才和芸芸众生之间必然出现的冲突，这个人物形象的基本特征得到了强化。愤怒、轻蔑和痛苦的情感得到了典型的表现。除此之外，基本无法表现这类超人的特性。米开朗基罗所创造的并非一种历史人物，而是一种性格类型，展现了一种驯化冥顽不灵的世界的一种无穷无尽的内在力量；他不仅为关于摩西的圣经叙述创造了一种形式，而且也为他自己的内心经验，为他所理解的教皇儒略的个性，以及，我相信，为他所理解的萨伏那洛拉（Savonarola）的永恒冲突的性格根源，都创造了一种形式。"[31]

这一观点可以和科纳克弗思（Knackfuss）的观点联系起来。他认为，摩西像艺术魅力的伟大秘密就在于内在激情与外在姿态的宁静之间的艺术冲突。[32]

就我自己来说，我完全同意索德的解读；但是我觉得其中还缺少某些东西。或许有必要更进一步挖掘这位英雄在其态度之中所表达出来的灵魂状态，与上述在他"外在"平静和"内在"激情之间冲突的更为紧密的类似性。

II

在了解精神分析很久之前，我就得知有一位俄国艺术鉴赏家伊万·莱莫利耶夫（Ivan Lermolieff）[33]，他通过质疑许多画作的原作者、表明如何准确鉴别原作和复制品以及为那些作者

---

[31] Thode, 1908, p. 206.——英译本注
[32] Knackfuss, H. (1900) *Michelangelo* (6th ed.), Bielefeld and Leipzig, p.69.——英译本注
[33] 他最初的文章以德语发表于 1874 到 1876 年之间。——原注

属性受到质疑的画作构建假设性艺术家等方法给欧洲艺术界带来了一场革命。他主张,注意力应该从画作的一般印象和主要特征转向强调细节的重要性,转向注意指甲、耳垂和光晕等那些不为人所关注的细节的画法。临摹者往往会忽视模仿这些细节,然而每一位艺术家都会在此种地方留下他独特的绘画方式。我后来以极大的兴趣得知,这个俄国名字是一位意大利医生莫雷利(Morelli)的化名。[34]莫雷利于1891年以意大利王国参议员的头衔去世。在我看来,他的研究方法和精神分析的技术密切相关。后者也习惯于通过观察,从受人厌恶的或不为人注意的细节之中,从垃圾堆中发掘出秘密和被隐藏的事物。

在这尊摩西像中有两个地方的细节此前从未得到过关注,事实上甚至从未被恰当描述过。这两处地方就是他右手的姿态和两个法版的位置。我们可以说,这只手构成了在法版和这位英雄怒气冲冲的胡须之间唯一而又极不自然的关联。这一关联需要得到解释。它被描述为手指穿过胡须,把弄着其中的数绺,手的外侧靠在法版上。然而显然并非如此。我们有必要更细致地观察右手的手指正在做什么,并且更为细致地描述右手所接触的茂密胡须。[35]

我们现在非常清楚地知悉以下事实:右手拇指被遮住了,只有食指真正接触到了胡须。它被深深地压向柔软的胡须,以

---

[34] Ivan Lermolieff 是意大利艺术鉴赏家和政治家乔瓦尼·莫雷利(Giovanni Morelli, 1816-1891)的化名。Lermolieff 是 Morelli 一词的变位词附加了俄语结尾。莫雷利的工作由于弗洛伊德在本文中的肯定而为人所知。
[35] 参见图示。——原注

至于胡须在它上部和下部都凸起来，也就是说，同时朝向头部和腹部。另外三根手指靠着他的胸膛，上关节曲起；右手钩住的最边缘的那绺胡须从其旁边垂落，几乎没有碰到它们。它们似乎刚从胡须里抽了出来。因此，说右手正在玩弄胡须或者插入胡须都是不正确的。明显的事实是，食指压在部分胡须上，并压出了一道深深的凹痕。不可否认，用一根手指压向胡须是一种特别的姿态，不容易为人理解。

摩西那令人艳羡的胡须，从他的脸颊、下巴和上唇垂落下来，各绺胡须犹如多重波浪，条理分明。最右侧的一绺从脸颊长出，垂落至那根向内按压的食指处，被揽住了。我们可以假定，它在食指和隐藏起来的拇指之间继续向下垂落。与其相对的左边一绺胡须未受任何阻碍，顺势落在了他的胸膛上。处理得最为非同寻常之处，是左边这一绺胡须内部的那一大蓬厚实胡须，也就是在它和中间胡须之间的那个部分。这部分胡须没有跟随头部的转动转向左侧，而是蓬松地卷起，形成了一种须卷，从胡须内部右侧的上方越过。这是因为它被右手食指的压力牢牢抓住——尽管它从面部左侧长出，并且实际上就是胡须左侧的主要部分。所以，虽然摩西的头猛烈转向左边，但是胡须的主体部分却留在了右侧。在右手食指压住的地方，形成了一种胡须的涡旋；来自左侧的多绺胡须位于来自右侧多绺胡须的上方，它们都被那只强硬的手指抓住。只有在其他地方，那些大量的胡须才不受其影响，自由落下，一直垂落，它们的末梢落在摩西的膝盖上，被他的左手聚拢起来。

我说得当然不够清楚，对于这位雕塑家是否真的有意让我们去解开他这座塑像的胡须之谜,也并没有什么冒昧的见解。但是撇开这一点不说,事实确实是右手食指主要影响了左侧的几绺胡须;而且由于这一斜向牵制,阻止了胡须随着头部和眼神一起转向左侧。现在我们可以提问,这一设计的用意是什么?其存在的动机是什么?如果雕塑家确实是出于线条和空间设计的考虑,才把这座看向左方的雕像那向下飘逸的胡须设计成为朝向右侧,那么用一根手指去压住胡须的方式看起来是多么奇怪,多么不合适啊!无论出于何种原因,什么样的人在把胡子捋到另外一侧时,会用一根手指去钩住一半的胡须压在另一半上面?这些细小的特征都是毫无意义的吗?难道我们是在对于创造者来说毫无意义的那些事物上面浪费我们的头脑?

不过,让我们进一步假设,哪怕这些细节也有其意义。有一个办法可以帮助我们克服困难并找到新的意义。如果摩西左侧的胡须压在他的右手指之下,我们或许可以把这一姿势看作在他的右手和左侧胡须之间发生某种关联的最后一个阶段。在被选中用以作为某种表达之前,这种关联曾一度是非常内在隐秘的。或许他的手曾经更为有力地抓住其胡须,或许他的手曾经到达了左侧,而且在返回到塑像所展示的这个位置的过程中,部分胡须跟随着他的手,就见证了他刚刚做出的动作。胡须的卷曲表明了这只手所经历过的轨迹。

所以我们可以推断,右手有一个回撤的动作。这一假定必然带来其他的假定。基于胡须的证据,通过想象,我们可以从这一动作扩展到它属于其中的那个整体动作。很自然,我们会被带回那个假设:正在休息的摩西受到了人们的喧闹和金牛犊场景的惊扰。我们假设,他本来安静地坐在那里,他的头和飘逸的胡须面向前方,而他的手也许根本就没有靠近胡子。突然之间,喧闹声震耳欲聋。他转头看向发生骚动的地方,看到那一场景,一下子就明白了。他怒不可遏,准备一跃而起,惩罚那些行差踏错之人,消灭他们。他的怒火离其对象仍有距离,却已经在他自己身体的姿态上表现了出来。他的手焦躁不安,抓住了随着头转动的胡须,将其紧紧抓在拇指和手掌之间,用回扣的手指牢牢握住。这种姿态的力量与激情让我们想起了米开朗基罗的其他创作。然而这时候发生了变化,我们不知道这一变化的缘由。那只向前伸出去并且插进他的胡须之中的手,仓促收回并且打开,手指松开了;然而由于此前手指深深插进胡须之中,所以在回撤的过程中,它们把大量左侧的胡须带向了右侧,而这部分胡须在最长和最上面那根手指的压力下,保持在了右侧胡须的上方。这一只能借助此前姿势才能得到理解的新姿势,就被刻画了下来。

现在让我们暂停并且反思一下。我们曾经假定,右手在一开始是远离胡须的,然而在巨大的紧张情绪之中,它伸向雕像的左侧,抓住了胡须;而最终它又收了回来,并带回了一部分胡须。我们对这只右手的安排,就好像我们自己能够自由使用它一样。但是我们可以这么做吗?这只手确实是自由的吗?它不必拿着或者托着法版吗?这些模仿的动作变化不会被其重要的功能所限制吗?进而,如果使其离开原始位置的动机是如此强烈,那么又是什么让它收了回来呢?

这些确实是新的难题。不可否认,右手是要负责拿着法版的，而且我们也找不到理由能够促成我们所描述的那个收回动作。但是如果两个困难可以同时解决，而且因此只有通过这种方式，它们才能呈现出一种清晰的和彼此关联的事件序列，那将怎样？如果是某件和法版有关的事情正好发生，可以解释整只手的动作，那是否可以呢？

如果我们看图4的画面，我们就会发现法版呈现出的一两处值得关注的特征，迄今为止尚未被认为有加以评论的价值。右手一直被认为放在法版之上，或是撑着它们。而我们可以看到，这两块并列的长方形法版是用一个拐角挺立在那里的。看得再仔细些，我们会发现，法版的底部边缘和顶部边缘的形状不同，顶部是向前倾斜着的。

上部边缘笔直，而下部靠近我们的地方则有一处角状的隆起物，法版正好是用这个隆起物接触了石座。这一细节的意义能是什么呢？[36]几乎可以肯定，这一设计意在标记法版按照书写方向的真正顶部。这一类的长方形书本，只有在顶部才会有卷曲或者凹口。由此可知，法版是倒置的。这是一种对待此种圣物的奇特方式。它们顶部朝下，并且仅靠一个角保持着平衡。米开朗基罗在形式方面考虑到了什么，才会让它们处于这样一种状态？或许，这个细节对于艺术家来说无足轻重？

我们不禁猜想，法版到达目前的位置也是某种先前运动的结果；这一运动是我们所假定的右手位置变化造成的，其结果

---

[36] 顺便说一句，关于这一点，在维也纳美术学院（Vienna Academy of Fine Arts）的收藏之中，该雕像的一个大型石膏复制品是完全不正确的。——原注

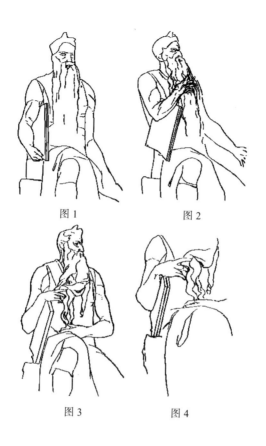

图1　　　　图2

图3　　　　图4

是迫使右手随即后撤。右手和法版的运动可以以如下方式协调起来：一开始，摩西静静坐着，右臂下垂直夹着法版。摩西的右手握住了法版的下部边缘并且在其前部突出的部分找到了可以把握之处。（此处使其更易于把握，这个事实充分说明了法版被拿着的时候处于上下颠倒的位置。）然后发生了摩西的平静被骚乱打破的那个时刻。他转头看往那个方向，当他看到那个场景时，他抬起脚准备起身，放下手里的法版，手掌向左上

米开朗基罗的摩西　173

方插进他的胡须,仿佛要把暴怒发作在自己的身体上。当此之时,法版被他的手臂用力夹在身体侧面。但是这一支持并不充分,法版开始向前方和下方滑落。(法版)上部边缘本来保持着水平,现在开始向前和向下,而底部边缘也不再稳固,其前角开始靠近石座。下一刻,法版就会绕着这个新的支点转动,上部边缘会首先摔到地面,摔成碎片。为了防止这种情况发生,右手松开胡须回撤——手指无意间带回了一部分胡须——及时靠在了法版上部边缘,并且夹住了法版后部的一角,也就是现在成为最上方的那个角。如此一来,由胡须、手和倾斜的法版构成的整体所具有的那种奇特紧张的氛围,就可以追溯到右手那个充满激情的运动及其自然的结果。如果我们想要还原这一激烈动作的效果,就必须举起法版上前方的那个角并将其推回,这样就从石座上抬起了下前方的那个角(带有隆起部位的那个角);随后放下右手,并将其放在现在已经处于水平状态的法版底部边缘下面。

我设法从一位艺术家那里获得了三幅草图来表达我的意思。图3复制了该雕像实际的样子;图1和图2表现了我所假设的此前的阶段——第一张是平静状态,第二张是其最紧张的状态,其中的摩西准备起身,并且已经放弃了对法版的把握,所以它们开始滑落。现在的问题是,这两张想象的草图如何能够证明此前那些作家的描述是不正确的?康迪维(Condivi)是米开朗基罗的同时代人。他说:"摩西,这位希伯来人的导师和领袖,正以一种沉思圣哲的姿态坐着,右臂下夹着法版,下巴支在左手上(!),就像一个疲惫不堪又满腹愁苦的人一样。"[37]在米开朗基罗的雕像中看不到这种姿态，但是这种说法几乎精确地描述了第一张草图所基于其上的观点。吕布克和其他评论家都写道，"极度震撼之下，他用右手捋住他那飘动的美髯"。如果我们看现存雕像的复制品，这种说法是不正确的，但是就第二幅草图（图2）来说却是对的。如我们所见，贾斯蒂和科纳普观察到，法版就要滑落，有摔碎的危险；然而假如他们所说的并不是雕像本身，而是我们所复现的行动的中间阶段，那么他们就是正确的。看起来，他们似乎已经从这尊雕像的视觉形象解脱出来，无意识地展开了对于其背后动机的分析，而这一分析使得他们获得了和我们在更为清醒和明确的状态下所得出的同样的分析结论。

III

我相信，我们现在可以收获辛勤劳作的成果了。我们已经看到，有多少受到这座雕像影响的人，满腔热忱地将其解读为摩西因为看到他的人民堕落、围绕着一个偶像起舞而勃然大怒。然而我们必须要放弃这一解读，因为它让我们期待看到摩西在下一刻起身，打碎法版并且实施复仇。然而，此种解读和制作这尊雕像的设计并不符合——和其他三座（或五座）坐像

---

[37] 康迪维（Ascanio Condivi），米开朗基罗的学生与助手。他的著作《米开朗基罗传》在很大程度上基于米开朗基罗的口述，被认为有很高的权威性。这句话的出处可见于其英译本 *The Life of Michelangelo*, 1999, translated by Alice Sedgwick Wohl, Edited by Hellmut Wohl, Second Edition, University Park, Pennsylvania: The Pennsylvania State University Press, pp.77-78。

一起,该雕像构成了儒略二世陵墓的一部分。我们现在或许需要再度回到已被放弃的解读,因为我们所复现的这个摩西既不会一跃而起,也不会摔掉法版。我们所看到的,并不是一个暴烈行动的开始,而是一个已发生行动的保持。在他刚开始发怒时,摩西想要行动,想要起身报复,忘记了法版;但是他克服了这一诱惑,现在仍然静坐在那里,他那遏制的怒火和他的痛苦中夹杂着轻蔑。他也不会把法版摔碎在石头上,因为正是出于对它们的考虑,他才遏制了自己的愤怒,为了保存它们,他才控制住自己的感情。在怒火爆发时,他忽略了法版,拿着法版的手收了回来。法版开始滑落,有打碎的危险。这让他清醒过来。他想起自己的使命。为了这一使命,他遏制了情感的勃发。他的手复又回到原处,在失去支撑的法版跌落地面之前,护住了它们。他以这种姿态岿然不动,米开朗基罗则以这种姿态将他塑造为陵墓的守卫者。

上下打量这座雕像,我们就会发现它表达了三种不同的情感层次。面部的线条表明情感占据了支配地位;雕像的中部显示出了压制运动的迹象;而脚部则仍然保留了发作行动的姿态。似乎控制力是自上而下的。到目前为止,还没有人提及左臂,而它似乎也要在我们的解读中占据一席之地。这只手以一种轻柔的姿态放在大腿上,爱抚一般抓住了飘落胡须的末端。它似乎想要打消那股怒火,那股刚刚使得另一只手蹂躏胡须的怒火。

不过,有人会在这里反对说,这并不是《圣经》中的摩西。因为那个摩西确实怒不可遏,摔碎了法版。这位摩西必定是一位相当不同的人,一位艺术家所理解的新摩西。所以,米开朗基罗必定大胆修订了那个神圣的文本，改造了那位圣徒的性格。我们可以想象他如此胆大妄为，甚至可以说是犯下了渎神的行径？

《圣经》中描写摩西看到金牛犊的场景的篇章如下：

《出埃及记》第32章[*]

（7）于是耶和华吩咐摩西：赶快下山，你从埃及带来的族人全败坏了！（8）转眼就背弃了我指给他们的正道，居然为自己铸了头牛犊，朝它叩拜献祭，嚷嚷什么"以色列呀，这就是领你出埃及的神"！（9）耶和华还说：我全看到了，这伙人脖子一硬，有多顽固！（10）所以你不要管，让我怒火爆发，把他们焚了，然后我从你另起一大民族！

（11）但是摩西恳求耶和华他的上帝：耶和华啊，为什么你要向子民动怒？他们是你运大能出巨手，亲自从埃及救出来的呀！

（14）耶和华这才慢慢息怒，没有降灾于他的子民。

（15）摩西便转身下山，手里捧着约版——那一对石版正反两面都镌了诫命，（16）乃是上帝亲制，字字皆上帝手书——（17）约书亚听见山下人声喧哗，对摩西说：不好，营里厮杀起来了！（18）摩西回答：

---

* 此译文引自冯象译注：《摩西五经》，生活·读书·新知三联书店，2013年。

那不是凯旋欢呼，
也不是败兵哀哭；
我听见的，是醉醺醺的歌喉！

（19）来到营地，只见一群群的人围着金牛犊跳舞，摩西怒不可遏，把手里那两块石版扔了，在山脚摔个粉碎！（20）随即夺下他们新造的牛犊，投在火中焚烧，再捣成粉末，撒在水里，命令以色列子民喝掉。

（30）次日，摩西对子民宣布：你们犯了大罪。我现在重新上山去见耶和华，或许还能为你们求得宽宥。

（31）摩西回到耶和华面前，道：主啊！这些人的确犯了大罪，竟敢拿金子为自己铸神像。（32）现在只求你开恩赦免他们一次；不然，求你把我也从你写的名册上抹去！（33）耶和华回答摩西：谁作恶冒犯我，我抹除谁的名。（34）你去吧，带领子民去我说过的地方。看哪，我的使者会走在你的前头。但是，当我降罚之日，我必惩办罪人。

（35）后来，耶和华对子民降下瘟病，因为他们叩拜了亚伦铸的牛犊。

运用现代《圣经》批判学的视角来阅读上述篇章，很难不发现它们是由不同来源的资料粗陋拼凑起来的痕迹。在第8行，上帝晓谕摩西，他的人民已经堕落，为自己制作了偶像，而摩西为那些做错事的人求情。然而他和约书亚说话的样子，似乎是对此一无所知（18），并且在看到崇拜金牛犊的场景后突然爆发了怒火（19）。在14行，他已经为他那些犯错的人民获得了上帝的宽恕，然而在31行，他又回到山上去恳求这一宽恕，告诉上帝他的人民的罪，并且确保相关惩罚的推迟。第35行提到了上帝给予他的人民的惩罚，不过并未提及过多；而在20—30行则描述了摩西本人所实施的对人民的惩罚。众所周知，在《圣经》和《出埃及记》有关的历史部分中，充满着更多明显的前后不一和自相矛盾之处。

自然，文艺复兴时期并没有这种关于《圣经》文本的批判态度，而是将其接受为一个统一的整体，结果就是存在疑问的篇章并不适宜成为艺术表现的主题。根据经文，摩西已经得知了其人民的偶像崇拜行为，自己已经站在了温和与宽恕的立场上；然而，当他看到金牛犊和起舞的民众，却无法遏制自己突发的怒火。因此，我们不应该惊讶于，当这位艺术家在刻画他的主人公面对这一痛苦意外的反应之时，出于内在动机而偏离了文本。进而，对于艺术家来说，此种基于些许原因而和经文文本的偏离绝非不同寻常，也不是绝对不可接受的。由帕尔米贾诺（Parmigiano）所作，被他的家乡所收藏的一幅名画，就表现了摩西坐在山顶，将法版丢到地面摔碎的场景。尽管《圣经》明确说，摩西是"在山下"打碎法版的，而即便是坐姿的摩西像，在经文中也没有证据。这似乎支持了那些批评家的说法，即米开朗基罗的雕像并非要记录这位先知生命中任何一个特定的时刻。

根据我们的猜测，和不符合《圣经》经文相比较，更重要的是，米开朗基罗改变了摩西的性格。传说中的摩西脾气暴躁，动辄发怒。正是出于这种怒火，他曾经杀死过一个虐待以色列人的埃及人，并因此不得不逃亡到荒野之中，也正是在这种类似的盛怒之下，他打碎了由上帝亲自刻成的法版。传说毫无偏见地记录下了这一性格，保留了这位曾经在世的伟大人物的形象。然而米开朗基罗在教皇陵墓上所安置的，是一个不同的摩西，一位超越历史或者传统的摩西。他修改了打碎法版这一主题。他没有让摩西在怒火之下打碎它们，而是让他受到了法版有破碎的危险的影响，让他平息了怒火，或者说，设法阻止了这一怒火变为行动。以此方式，他为摩西的形象赋予了某种新的、超越常人的东西。如此一来，这一有着巨大体魄的巨人像，就变成了在一个人那里所可能拥有的最高精神成就的实在表达：为了他所献身的事业，成功同内心的激情展开了斗争。

　　我们现在已经完成了对于米开朗基罗的雕像的解读，尽管仍有问题存在：是什么动机使得这位雕塑家选择了摩西的这个经过了如此之大改变的形象，来作为儒略二世陵墓的装饰？在许多人看来，这一动机可以从教皇的性格以及他和米开朗基罗的关系中发现。儒略二世在如下这点上和米开朗基罗类似：他试图实现辉煌而伟大的目标，尤其是宏伟蓝图的设计。他行动果断，目标明确，要把意大利统一在教皇至高无上的权力之下。他野心勃勃，想要单人只手实现数百年来未能成功的目标，后来只是通过多个外部力量的干涉才得以成功。在教皇的短暂任期内，他独断专行，急不可耐，暴力施政。他欣赏米开朗基罗和他属于同样的类型，但是他的喜怒无常和彻底的恣意妄为经常使得这位艺术家机敏而谨慎。艺术家也能够在自己身上感受到同样的暴烈力量,而且作为一位更具内省力的思考者,他或许还预见了他们二人都注定会遭遇到的失败。所以他在教皇的陵墓上雕刻了他的摩西,不无对这位去世教皇的批评之意,也是作为对他自己的一种告诫。如此一来,在这种自我批评中,他自己的人性也得到了提高。

IV

1863年,一位英国人,沃特基斯·洛伊德(Watkiss Lloyd)专门为米开朗基罗的摩西写了一部小册子[38]。我设法获得了这篇46页的短文,并带着复杂的心情读完了它。我再次有机会亲身感受到,即便是为了严肃的目标,我们的思想和行动中也会掺杂多么毫无价值和幼稚的动机。我的第一个感受是遗憾。许多我的思想都被这位作者预见到了。这些思想对我来说都非常珍贵,因为那是我自己思考的结果。只是到了后来,我才能够从这一对于我的思想的意外证实中获得乐趣。不过,我们的观点在一个非常重要的地方并不相同。

洛伊德首先指出,对于这座雕像的通常描述是不正确的。摩西并非要起身[39],右手也没有抓着胡须,而只是食指放在胡须

---

〔38〕 William Watkiss Lloyd, 1813—1893,英国作家。此处引用的作品是他发表于1863年的著作《米开朗基罗的摩西:一项艺术史与传奇的研究》(*The Moses of Michel Angelo: A Study of Art History and Legend*)。
〔39〕 "但是他并没有起身或者准备站起来;上半身的雕像是完全直立的,并没有向前改变平衡,以准备做出此种行动……"(Lloyd,1863,10)——原注

上。[40]洛伊德同样认识到更为重要的一点,那就是目前这一雕像的姿态只有通过假定没有表现出来的前一动作才能得到解释。左侧胡须被拉向右侧这一点表明,右手和左边的胡须在此前处于更为接近和自然的接触。但是他也表明,有必要考察另外一种重建此前手和胡须接触的方式。他认为,右手并没有插入胡须,而是胡须一直都处于其目前所在的位置。他说,我们必须想象,就在这个突然扰动发生之前,摩西像的头是转向右边的,其右手也正拿着法版。法版对于手的压力导致手指自然张开在飘荡的须髯之下,而头部突然转向另外一侧导致胡须的一部分在一瞬间被静止的手绊住了,形成了须发的缠绕。这一缠绕可以被视为其运动的轨迹。用洛伊德自己的话来说,是其"行迹"。

撇开另外一种可能,即右手此前一直都和左侧的胡须有接触,洛伊德的思考和我们的解释非常接近。他说,即使是在最激动的时刻,这位先知也不可能伸手把他的胡须拉向右边。因为如此一来,他的手指就会处于完全不同的位置;此外,这样一种运动就会使得法版跌落,因为他们只是靠右臂的挤压力才有所支撑——除非摩西是在最后时刻去奋力拯救它们。我们认为,"用如此尴尬的姿势夹紧,本身已经可以被认为是渎神了"。

不难发现这位作者忽略了什么。他正确地把胡须的反常之处解读为标志着前期的动作,但是他却并没有将这同一种解释方式应用在同样不自然的法版位置这一细节上。他仅仅考察了

---

[40]"此种描述是全然错误的;数缕胡须是被右手所持留,然而他们并不是被握住,也不是被抓住、攥住或者拿在手里。他们甚至不过是暂时被持留着,在这一刻保持着这种状态,马上就会脱离,获得自由。"(同上注,11)——原注

和胡须有关的材料,却没有关注和法版有关的材料,只是假定了其位置没有改变。如此一来,他就无法获得和我们同样的结论了。而我们通过考察那些不被视为重要的细节,就获得了对于该雕像作为整体的意义和意图的意料之外的解读。

但是如果我们两人都误入歧途了呢?是否可能我们对于细节采取了过于严肃和认真的态度,而这些细节对于艺术家来说毫无意义,只是他颇为随意的挥洒,或者纯粹是为了某种形式上的考虑,而并无隐藏的意图?是否我们和许多其他解读者一样,自以为把事情看得很清楚,然而艺术家却根本无意于此,无论是有意识的还是无意识的?我无从分辨。像米开朗基罗这样的艺术家,其作品中有太多要表达的思想。我不知道去论证他在基础精确性方面的要求是否明智,尤其是这一讨论是否适用于目前所研究的这座雕像独一无二的那些特征。最终,我们或许可以谦逊地指出,艺术家和其解读者都要为围绕着其作品的含混性负责。在其创作之中,米开朗基罗每每走向艺术可表达的极端。如果通过这一摩西像,他的意图是要通过在激情爆发之后、在接踵而至的宁静状态的各种迹象中表现这一激情的话,那么他就没有完全成功。

后记(1927)

1914年,我的《米开朗基罗的摩西》一文匿名发表在《意象》杂志上。几年之后,欧内斯特·琼斯博士(Dr. Ernest Jones)充满善意地寄给了我一本《伯灵顿杂志》(*Burlington*

凡尔登尼古拉斯的摩西像，12世纪（牛津，阿什莫林博物馆）

Magazine）1921年四月号。这期杂志成功地将我的兴趣再度引向了当初提出的对于那尊雕像的诠释。这期杂志里有一篇作者为米切尔（H. P. Mitchell）的关于12世纪两尊青铜像的短文（pp.157-66）。这两尊铜像目前位于牛津的阿什莫林博物馆（Ashmolean Museum），其作者被认为是当年杰出的艺术家，凡尔登的尼古拉斯（Nicholas of Verdun）。目前在维也纳附近的图尔奈（Tournay）、阿拉斯（Arras）和科罗斯特新堡（Klosterneuburg）等地我们还能看到这名艺术家的其他作品。

米切尔所描绘的两尊小雕像之一，高度有9英寸多一点，由于拿着两块法版，所以被认为毫无疑问就是摩西。这个摩西像也被表现为坐姿，身着流动长袍。他的面部表现出了强烈的激情，或许还夹杂着悲伤；他的手抓住了长须，手掌和拇指呈钳型，压住了其中的数绺。也就是说，他正在做出我此前那篇文章里的图4所示的那个姿势，也即米开朗基罗所刻画的那个姿态的预备性阶段。

看一眼图示就会明白相隔三个世纪的两个艺术结构之间的主要区别。这位洛林（Lorraine）艺术家用左手拿着法版的顶端，并且将它们放置于膝盖上。如果我们将法版转移到摩西身体的另外一侧，将其置于他的右臂下，我们就可以构建起（米开朗基罗）摩西像的预备性姿势。如果我关于那个手掌插入胡须的观点是正确的，那么1180年的这个摩西像向我们表明的，是他暴怒的那一瞬，而在圣彼得镣铐教堂里的摩西像所刻画的，是暴怒平息后的状态。

在我看来，这个新证据更加证明了我于1914年所尝试之诠释的正确性。或许有某位艺术鉴赏家能够告诉我们，位于（这两尊雕像）中间阶段的摩西形象的例证在哪里，以此来填补在凡尔登尼古拉斯的摩西像和那位意大利文艺复兴时期大师的摩西像之间的历史空白。

索 引

〔索引中页码为英文版页码，请检索本书边码〕

Aaron（亚伦） 37, 38

Abraham（亚伯拉罕） 29, 30, 53, 54

Adonai（阿东赖） 27, 28, 47

Adonis（阿东尼斯） 27

Aegyptische Religion, Die（《埃及的宗教》） 18, 23, 26, 34

Aeschylus（埃斯库罗斯） 145

aetiology of the neuroses（神经症的病因学） 91-93

Ah-mose（阿-摩西） 5

Akhenaton, see Amenhotep Ⅳ（埃赫那顿，见阿蒙霍特普四世）

Akki（阿克） 8, 9

Alexander the Great（亚历山大大帝） 89

alphabet, invention of（字母的发明） 51

ambivalency（矛盾情感） 172, 175

Amenhotep Ⅲ（阿蒙霍特普三世） 21, 22, 24

Amenhotep Ⅳ（阿蒙霍特普四世） 21, 22, 23-26, 28-29, 31-32, 35, 36, 57, 61, 72-74, 77-79, 112, 141, 175

amnesia, infantile（婴儿记忆缺失） 93-95

Amon（阿蒙） 5, 22, 24, 25, 27

Amon-Re（阿蒙-赖） 19

Amphion（安菲翁） 9

Anat-Jahu（安拉特-耶和华） 78

ancestor cults（祖先崇拜） 118

animals, instincts of（动物的本能） 128-129, 170-171

anti-Semitism（反犹主义） 114-117, 134, 176

archaic heritage（原始遗产） 125-129, 170-171

Astruc, Jean（琼·阿斯楚克） 50

Atkinson, J. J.（J. J. 阿特金森） 102, 167-168

Aton（阿顿） 22, 23, 25-29, 31, 35, 36, 49, 61, 72-74, 87, 112, 144

　contrasted with Jahve（与耶和华相比较） 41-42, 78-79

Auerbach（奥尔巴赫） 50, 78

Beethoven（贝多芬） 138

Bes（伯斯） 19

Breasted, James Henry（詹姆斯·亨利·布雷斯特德） 5, 6, 21-26, 62

Cambridge Ancient History, The（《剑桥古代史》） 22

cannibalism（嗜食同类，食人的） 103

castration complex（阉割，阉割情结）
99, 107, 116, 127, 156

Catholic Church（天主教会） 67-69

Chamisso, Adelbert von（阿德尔伯特·冯·沙米索） 6

Christ（基督） 135
    as Father substitute（作为父亲的替代物）111-112, 114
    death of（基督之死） 113-114, 129, 174

circumcision（割礼） 29-31, 33-35, 46-48, 53, 74, 76, 112, 116, 156
    Egyptian origin of（割礼的埃及根源）29-31, 40, 54

"collective" unconscious（"集体的"无意识概念） 170

compulsion neurosis（强迫性神经症） 96, 108

Cyrus（居鲁士） 9, 11

Darwin, Charles（查尔斯·达尔文） 83, 102, 167-168

Darwinian theory（达尔文的理论） 83

David, King（大卫王） 50, 51

Dawn of Conscience, The（《良心的曙光》）5-6, 22, 23, 26, 62

Deuteronomy（《申命记》） 51
    and see Hexateuch（也见《旧约》前六卷书）

Disraeli, Benjamin（本杰明·迪斯雷利）6

Ebjatar（埃布加塔） 50

Ego（我） 83, 95, 97, 98, 121-124, 148-150, 160, 163, 164

Egyptian religion（埃及宗教） 18-31
    and see Monotheism, Egyptian（也见埃及一神教）

"Elders of Zion"（"锡安长老会"） 108

Elohim（埃洛希恩） 47, 50

Encyclopedia Britannica（《大英百科全书》）50

Erman, A.（A. 厄尔曼） 23, 26, 34

Evans, Arthur J.（阿瑟·J. 伊文思） 88

Exodus, Book of（《出埃及记》） 4, 38, 41, 53, 57
    and see Hexateuch（也见《旧约》前六卷书）

Exodus from Egypt（逃出埃及） 4, 17, 38, 41, 43-44, 48, 53, 85, 142
    period of（时期） 32-33, 36, 57, 59-60, 74-76
    only Part of Jewish people in（只包含犹太民族的一部分） 43-44, 64-65

exogamy（外婚制） 104, 153, 155, 168, 169

expiation, phantasy of（赎罪的幻想） 110

exposure myth（遗弃婴儿的神话） 9-14

Ezra（以斯拉） 51, 57

father-identification（对父亲的认同） 101, 103

father-murder, religion and（宗教和弑父）109-111, 113, 129, 174-175

fixation to trauma（创伤固着）95-96

Flaubert, Gustave（古斯塔夫·福楼拜）61

folk-epics（民间史诗）88-89

Frazer, Sir James G.（詹姆斯·G. 弗雷泽爵士）114, 141

Galton, F.（F. 高尔顿）7

Gilgamesh（吉尔伽美什）9

Gods of Greece, The（《希腊的众神》）130

Goethe（歌德）114, 138, 160, 162

Golden Bough, The（《金枝》）113, 141

greatness, qualities of（伟大的素质）138-140

Gressmann, Hugo（雨果·格雷斯曼）42, 47

guilt feelings of, in Jews（犹太人中的负罪感）109, 172-175

tragic, of hero（英雄的悲剧性罪恶）111

Haremhab（荷伦希布）25, 32, 59, 72

Heine, Heinrich（海因里希·海涅）34

Heracles（赫拉克勒斯）9

Herod, King（希律王）12

Herodotus（希罗多德）30, 34, 40, 51

heroes, myths of birth of（英雄诞生的神话）7-13, 136

Hexateuch, origin of（《旧约》前六卷书的来源）47-48, 50-52

History of Egypt, The（Breasted）（布雷斯特德：《埃及史》）5, 22-25

Hoffmann, E. T. A.（E. T. A. 霍夫曼）162

Homer（荷马）88, 89, 90

Horus（荷鲁斯）20, 34

Hosea（何西阿）42, 43

Id（它我）123, 124, 125, 129, 148

Ikhnaton, see Amenhotep Ⅳ（埃赫那顿，见阿蒙霍特普四世）

images, making of（肖像的制作）18, 20, 26, 28, 51, 144, 147, 152

Imago（《意象》杂志）66,132

incest（乱伦）104, 154, 155

Isaac（以撒）54

Isis（伊西丝）34

Israel in der Wüste（《荒野里的以色列人》）114

Israeliten und ihre Nachbarstämme, Die（《希伯来人及其近部落》）38-41

Jacob（雅各）30, 54

Jahu（耶和华）78

Jahve（耶和华）23, 61, 76, 81, 82

a volcano-god（一个火山神）39, 41-42, 48, 55

use of name of（使用耶和华的名字）18, 47, 53-54, 144

索 引 189

contrasted with Aton（与阿顿的比较）41-42, 78-79

"chooses" a people（"选定"一个民族）55, 79

and monotheism（与一神教）61, 77

displaces Mosaic god（代替摩西神）62, 75

becomes identical with old Mosaic god（与古老的摩西神成为一体）62, 79-80, 87, 90, 142, 160

character of（耶和华的性格）77-78

contrasted with Allah（与安拉的比较）118

and see Qadeš（也见夸底斯）

Jesus（耶稣）12

and see Christ（也见基督）

Jethro（叶忒罗）39, 49

Jews: as "chosen" people（犹太人：作为"被选中"的民族）55, 79, 143-144, 158, 173

character of（犹太人的性格）134-136, 151-152, 158-159, 176

spiritual development of（犹太人的精神发展）146-147

and see anti-Semitism（也见反犹主义）

Jochanan ben Sakkai（约翰兰·本·萨凯）147

Jones, Ernest（欧内斯特·琼斯）111

Joseph（约瑟夫）135

Josephus, Flavius（弗雷维厄斯·约瑟夫斯）11, 32, 37

Joshua, Book of（《约书亚书》）50, 54

and see Hexateuch（也见《旧约》前六卷书）

Jüdisches Lexicon（《犹太百科全书》）4

Karna（卡纳）9

latency period（潜伏期）84, 94, 96-101

and Jewish monotheism（与犹太一神教）84, 86-87, 90, 108

Lays of Ancient Rome（《古罗马歌曲》）89

Leonardo da Vinci（列奥纳多·达·芬奇）138

Levites（利未人）11, 14, 45, 47, 60, 62, 76

Life and Times of Akhnaton, The（《埃赫那顿的生平和时代》）26, 28

Maat（正义女神马特，真理和正义）19, 22, 61, 63, 73

Macaulay, Thomas B.（托马斯·B.麦考莱）89

matriarchy（母权制）104, 106, 145, 169

Manetho（曼尼索）134

mass psychology（群体心理学）83, 87, 91, 117, 119, 128, 163, 170

memory traces, unconscious（无意识记忆痕迹）119-121, 125, 127-129

Meribat-Qadeš, see Qadeš（麦内巴特-夸

底斯，见夸底斯）

Merneptah（麦伦普塔）32，59

　　stele of（麦伦普塔石碑）59，60，75，76

Messiah, wish-phantasy of（关于弥赛亚的愿望性幻想）113-114

Meyer, Eduard（爱德华·迈耶）11，14，38-41，54，75

Minos, King of Crete（米诺斯，克里特国王）55，88

Mithra（密斯拉）111

Mohammedanism（伊斯兰教）78，118

monotheism: Mosaic（一神教：摩西的一神教）18-20，61，63，80-82，84，112

　　death and（死亡和一神教）20，26，29

　　Egyptian（埃及一神教）21-26，35，61，72-74，79，80，108，112，141

　　Jewish（犹太一神教）28，35，80-82，108，113，117，141-142，173

　　Jahve and（耶和华和一神教）61，77

　　genesis of（一神教的创始）80-82，138

　　Christian（基督教）108，112，117，175，176

Mosaic religion（摩西神教）18-21，27，142，159-160

　　contrasted with Egyptian（与埃及宗教的比较）18-21，27-32

　　relinquishes sun-worship（放弃太阳崇拜）28

　　and circumcision（与割礼）29，31，54

　　and see circumcision（也见割礼）

　　original, fused with that of Jahve（发源，与耶和华宗教的融合）57

　　and see Qadeš（也见夸底斯）

　　see also monotheism, Jewish（也见犹太一神教）

Mose und seine Zeit（《摩西及其时代》）47

Moses: his period（摩西：他的生平）3-4，31-32，36，75

　　his name（他的名字）4-6，73-74

　　an Egyptian（一个埃及人）6，12，13-15，16-18，31-32，38，40

　　and typical hero myth（典型的英雄神话）10-14，32，41

　　extra-Biblical myths about（关于摩西的《圣经》外神话）36-38

　　his impatience（他的暴躁脾气）37，49

　　his "slowness of speech"（他"讲话迟钝"）37

　　his relation to Qadeš（他与夸底斯的关系）40-41，48-49，53，58-59

　　murder（摩西被杀害）42-43，57-60，74，113-114，118-119，129，141

　　and Levites（与利未人）45-46

　　duality of（摩西的双重性）49，64

　　hypotheses concerning, summarized（关于摩西的假设概括）73-79

　　creator of the Jews（犹太民族的创立者）135-136，140

　　identification with the father（与父亲的

同一性）140-141

as father substitute（作为父亲的替代物）140, 150

mother deities（母性神）55, 105, 106, 112

Mythus von der Geburt des Helden, Der（《英雄诞生的神话》）7

Napoleon Buonaparte（拿破仑·波拿巴）6

Nehemiah（尼希米）51, 57

Nofretete（诺芙尔特蒂）23

Oedipus（俄狄浦斯）9, 10
    complex（俄狄浦斯情结）100, 127

Oresteia（俄瑞斯忒斯）145

original sin（原罪）109, 175

Osiris（奥西里斯）20, 26, 29

Pallas Athene（帕那斯·雅典娜）24, 56

Paris（帕里斯）9

Paul of Tarsus（塔索斯的保罗）109, 111-114, 174-175

Pentateuch（《摩西五经》）36, 46, 50, 51, 147
    and see Hexateuch（也见《旧约》前六卷书）

Perseus（珀耳修斯）9

poetry, tradition and（传说与诗歌）88-90

preconscious（前意识）122-125

Priestly Code（祭司法典）51, 56, 82

Priests, School of, at On（安城的祭司学校）22, 36, 57, 72

primal horde, thesis of（关于原初群体的论点）102-104, 106-107, 167-168, 171

psychoanalysis and Catholicism（精神分析和天主教教义）68-69

Qadeš, Jews accept Jahve-worship at（犹太人在夸底斯接受耶和华崇拜）39, 44, 46, 48, 52-53, 56, 59-60, 62, 75-76, 85, 119

Ra-mose（Ramses）（赖－摩西）5

Rank, Otto（奥托·兰克）7, 9, 11

Re（赖）19, 22, 28

religion: development of（宗教：宗教的发展）105-107, 117-119, 164
    analogy with neurotic processes（与神经症过程的相似之处）117-118
    and see monotheism, Mosaic religion, and totemism（也见一神教、摩西神教和图腾崇拜）

renunciation, instinctual（驱力放弃）144, 148-156, 158, 164, 173

repetition-compulsion（强迫性重复）95

repression（压抑）120-125, 130, 149, 160-164, 170-173
    and Jewish memory of Moses（与犹太人关于摩西的记忆）85-87, 109
    and Christianity（与基督教）113

Romulus（罗姆洛斯） 9, 11

sacred, the, connection with the religious（"神圣"，与宗教的联系） 154-156

Sargon of Agade（阿卡德的萨尔贡） 8, 9

Schiller（席勒） 130

Schliemann, Heinrich（海因里希·谢里曼） 88

screen-memories（屏蔽记忆） 93

Sellin, Ernst（厄恩斯特·塞林） 42, 57, 63-64, 71, 74, 86

sexuality, early（早期性欲） 93-94

Shakespeare, William（威廉·莎士比亚） 81

Shaw, Bernard（萧伯纳） 66

Smith, Robertson（罗伯特森·史密斯） 105, 167-169

Soviet Russia（苏维埃俄国） 67

speech symbolism（语言象征手法） 126, 170

spirituality, progress in（精神性的进步） 142, 145-148, 150, 158, 165

Sprache des Pentateuch in ihren Beziehungen zum Ägyptischen, Die（《摩西五经的语言与埃及的联系》） 46, 51

sublimations, monotheism and（一神教和升华） 109

substitutive satisfaction（替代满足） 149, 163

Superego（超我） 124, 149, 150, 153

taboo（禁忌） 41, 55, 65, 71, 102, 104, 154-155, 167, 169

Talmud（犹太法典，《塔木德》） 17

Telephos（忒勒福斯） 9

Ten Commandments（十诫） 38, 48

Thothmes (sculptor)〔图特摩斯（雕刻家）〕 73

Thothmes Ⅲ（图特摩斯三世） 5, 22

Thut-mose（图特－摩西） 5

Titus（提图斯） 147

totem: father substitute（图腾：父亲替代物） 105, 168

  feast（图腾宴） 105, 106, 111, 169

Totem and Taboo（《图腾与禁忌》） 65, 71, 102, 167, 169

totemism（图腾制） 105, 106, 108, 152-153, 168-169, 171

tradition: conflict with written history（传说：与文字历史记载的冲突） 85-90, 119-121, 129-130

  and Mosaic religion（与摩西神教） 166-167

traumata（创伤） 84, 91-102, 125-126

  and Jewish monotheism（与犹太一神教） 65, 84

Tutankhaton（图坦卡顿） 25

unconscious（无意识） 116, 119-129, 163, 170

索 引 193

Volz, Paul（保罗·沃尔兹） 64

Weigall, Arthur（阿瑟·韦戈尔） 26, 28
wish-phantasy（愿望性幻想） 108, 110, 111, 114, 166

Yahuda, A. S.（A. S. 亚胡大） 46, 51

Zethos（塞索斯） 9
Zeus（宙斯） 9, 23, 55